Google
工作法

世界一速く結果を出す人は、なぜ、メールを使わないのか

［波］彼得·费利克斯·格日瓦奇（Piotr Feliks Grzywacz）/ 著　朱悦玮 / 译

湖南文艺出版社
HUNAN LITERATURE AND ART PUBLISHING HOUSE

博集天卷
CS-BOOKY

明明很努力地工作，但工作总是做不完。

明明很努力地工作，但工作总是不顺利。

而且，这样的状态还一直在持续——

这本书将彻底解决你的烦恼。

初次见面，我是彼得·费利克斯·格日瓦奇。

我生于波兰，2000 年来到日本，曾担任摩根士丹利公司培训与开发部副总裁，后来在谷歌从事与亚太地区人才开发和人才教育战略相关的工作。现在担任企业战略与革新管理顾问，负责管理岗位培训，为"创建新的工作方法与更好的公司"提供支持，同时我还从事一些与人事技术开发和新事业开发项目相关的工作。

那么，说起谷歌，大家都有什么印象呢？

搜索网站、最先进的企业、福利很好……

这些说得都对，但我在谷歌工作时留下的最深刻印象是"必须以全世界最快的速度取得成果"这一谷歌特有的强烈的使命感。

谷歌的员工无时无刻不在思考究竟应该怎样做才能够取得现在

的 10 倍的成果，并且正在将其变成现实。

1997 年，谷歌的创始人拉里·佩奇和谢尔盖·布林注册 Google.com 这个域名的时候，谷歌的品牌价值大概只有 0 日元，但到了 2016 年，谷歌的品牌价值已经超过 14.5 兆日元。

谷歌的年利润平均到每一名员工的身上大约是 1258 万日元。用同样的计算方式来看日本的大型企业，松下是 300 万日元、日立集团是 311 万日元，前者的生产效率为后两者的 4 倍。我认为之所以**会产生这么大的差距，主要是因为工作方法与组织结构上的区别**。

翻开这本书的读者，或许有"工作总也做不完""明明要做很重要的工作，却被琐事缠身，结果什么也做不了"之类的烦恼吧。

相信本书中的内容，会给您带来一些帮助。

为什么日本的企业生产效率低下

因为工作的关系，我发现了许多阻碍日本企业提高生产效率的因素。这些因素同样能够解释"为什么大家的工作总是做不完"，接下来我将为大家列举几个事例。

1. 过度推迟讨论

我在日本工作期间发现日本的企业之中"推迟讨论"的情况非常多见。

我基本上都会把工作当场做完。哪怕是很小的工作，只要做完我就可以把这件事从我的大脑之中排除掉，然后专心去做下一项工作。

如果把工作推迟，那么就永远也做不完。如果实在无法当场解决，也应该找出"现在能搞清楚的事情""现在能做出回答的事情"，让工作告一段落。

2. 过分讨论

我在日本的企业进行研修的时候发现绝大多数的日本企业都存在"过分讨论"的现象。

条理清晰地进行思考固然重要，但临场的"直觉"也有非常重要的意义。这里所说的"直觉"并不是瞎猜，而是根据丰富的经验积累得出的判断。

如果任何事情都要"讨论"的话，那就什么事也做不了，首先从自己的"直觉"出发，即便逻辑思考的结果与"直觉"相反，也试着相信"直觉"。这样做反而会得到好的结果。

在日本，麦肯锡式的逻辑思考术十分流行，很多人都通过逻辑树和框架来加深思考，但这种分析方法和发掘新创意其实是完全不同的两种思路。逻辑思考是将自己的想法总结出来传达给他人，也就是用来实现"说明责任"的强力武器，但并不是创意思考的工具。新的创意是通过将大量的材料排列在桌子上，然后根据"直觉"选择出来的。

在企业也需要创意思维的今天，尽快从"麦肯锡框架"中脱离出来或许是一个更好的选择。

3. 过度的交流

大家在工作中感到最有压力的是不是交流成本太高？

"意义不明的会议太多""必须反复进行同样的说明""本来想要商量一下但上司总是不在"，或者"担心部下的细微失误，自己的工作总也做不完"……

每当看到这样的日本企业，我心里都会想"他们真是没有利用好交流工具"。

比如本来当面直接说明更有效率却要用邮件反复确认，或者在没有"样品"的情况下只用语言进行讨论，导致双方的理解完全不同，结果只能频繁地修改……

如果用幻灯机将文章内容投到屏幕上，当着大家的面制作资料，这样会更容易获得大家的认可。而在讨论的时候拿一个"样品"，大家看着样品交换意见就不会出现理解上的偏差，从而更好地推动项目进展。

◎ 改变工作方式方法才是生存之道

本书最想传达给大家的信息是"破坏自己的工作"。自己亲手破坏掉自己的工作，这才是最终极的"效率化"，也是今后生存下来的必要条件。

很多人都害怕自己的工作会被IT（信息技术）和AI（人工智能）所取代。在继蒸汽机带来的机械化（第一次工业革命）、电力的发明和广泛应用（第二次工业革命）、计算机与网络带来的信息革命（第三次工业革命）之后的第四次工业革命中，人类需要做的工作内容正在不断地发生变化。连我自己也想象不到五年后会从事什么样的工作。但我并不害怕，甚至还有些期待。

在这样的时代，**我们不应该害怕"自己的工作消失"，而是应该思考"怎样做才能够用IT来代替自己的工作""怎样做才能够更加自动化、省力化"。**

汽车的"自动驾驶"就是最典型的例子，通过机械来替代人类做事情并且做得更好。

提供视频流媒体服务的Netflix（官方中文名为网飞，是一家在世界多国提供视频点播服务的公司）最开始也只不过是一个DVD快递租赁公司。通过将DVD这种物理媒介破坏，将快递替换成网络，这家公司迅速走上了自动化的道路。除此之外，没有传统媒体的全世界最大媒体公司脸书（Facebook）以及一张床也没有的全世界最大的旅店企业爱彼迎（Airbnb），都是传统行业的破坏者。让车主们在空闲时间用自己的车从事出租车业务的优步（Uber），或许在不久的将来会使用自动驾驶技术，连驾驶员都不需要了。

　　同样的事情也可能出现在我们每一个人的工作之中。只要积极地用 IT 来代替自己的工作，那么你就不是被淘汰的一方，而是这一行业下一个形态的创造者。就算做不到那么夸张的程度，至少你也可以利用空余下来的时间做点别的事情，取得更多的成果。

　　如果你每年都在做同样的事情，那么这件事总有一天会被机器所处理。现在我们需要做的，就是用空闲下来的时间做些新的事情。

　　关键在于不要只是跟着时代的变化随波逐流，**只要你行动的速度比时代的变化更快，那就不必担心会被时代所淘汰。**

　　如果你的行动比时代的变化更快，那你就能够预见未来，甚至自己引领变化。届时，你将不是一个适应变化的人，而是一个控制变化的人。

　　要想做到这一点，我们的目标不能只是比去年增长一成或者两成，而是必须实现 10 倍的飞跃，谷歌的"10 倍成果"思考方法或许会给大家带来一些启示。如果想要取得 10 倍的成果，沿用之前的旧思维是绝对不行的，必须从根本上改变工作方法。

　　在这个世界上有许多效率化和高速化的技巧。**但是就算你把键盘上的所有快捷键都记住，缩短每一次工作的时间，也不可能引发根本性的变化。**

　　效率化的终极目标并不是提前一小时完成工作。而是通过更有效地利用时间，去做更重要的工作，给更多的人提供帮助，获得更多的利益。这才是效率化的根本目的。从这个角度来看的话，"缩短每一次工作的时间"其实毫无意义。

　　我最后说的这些事虽然听起来很了不起，但实际上并没有什么难的。只要想做，任何人都能够做到。

　　虽然我在谷歌工作，但我并不是从斯坦福或者哥伦比亚这样的优秀大学毕业的，而且我也并非出身于富裕的家庭。我生于波兰的一个小村庄，整个村子只有我一个大学生。我只是没有随波逐流，只是用自己的眼睛看世界，用自己的思考来行动而已。就算不是精英，但只要掌握了方法，一样可以做好工作。

　　另外，或许会有人担心"整天这样辛苦地工作会不会很累啊"，所以在本书中我也会为大家介绍放松的方法。毕竟如果没有轻松的心情也是做不好工作的。

　　在我出生之后，波兰发生了剧变。但事与愿违，经济状况非但没有好转，反而还出现了大量的失业者，我也从高中辍学去德国打工。在德国，我一天就能赚到身为手艺人的父亲两三个月才能赚到的钱。

　　当时我最深刻的感受就是**"变化突然就到来了"**，并且认识到**"自己也必须做出改变才行"**。

　　现在也是世界正在剧烈变化的时代。

　　希望大家在读过本书之后，能够找到更快的工作方法，过上更好的人生。

彼得·费利克斯·格日瓦奇

2017 年 1 月

CONTENTS

目 录

第一章
让你比世界更快的工作术

一次结束 / 003

过度"推迟"会浪费许多人的时间 / 004

不要"推迟讨论" / 005

当场做出决定 / 006

活用"身边的人" / 008

即便"不知道应该怎样做才好"仍然能够采取行动的人才会
成功 / 009

增加"现在"的密度 / 012

不要被邮件夺走时间 / 014

不用邮件,所有人同时工作的话可以将工作时间缩短到原本的
十分之一 / 015

绝对不要用邮件来进行日程调整 / 018

为了提高效率,英语必不可少 / 021

直接见面最有效率! / 022

邮件是"等待文化",即时通信是"实时文化" / 024

限制访问是阻碍竞争的主要因素 / 026

给"尽快"规定一个期限 / 029

由委托人来决定优先顺序 / 030

创意性工作也需要规定期限 / 031

大胆地将期限提前 / 031

集中精力于此时此刻······不要让多余的事情占用大脑资源 / 033

不要把时间浪费在选择衣服上 / 034

对"此时此刻"持有明确的目的 / 036

事先预测、控制局面 / 037

将一周每天要做的事情区分开 / 037

选择舒适的工作环境 / 038

**第二章
没时间去进行逻辑分析！**

与逻辑和分析相比"灵感"更重要 / 045

没有结论的分析毫无意义 / 046

分析的目的是什么 / 047

创意思维需要活用集体智慧 / 050

多准备一些灵感的提示（线索） / 051

通过制造混乱让大脑活跃起来 / 052

靠集体智慧才能产生创意思维 / 053

有"灵感"才有新创意 / 055

只对竞争对手进行"分析"不可能开发出新产品 / 056

将乍看上去毫无关系的东西联系起来就可能创造价值 / 057

什么时候需要逻辑思考，什么时候应该依靠直觉 / 058

YouTube 的失败 / 059

一味地模仿不可能实现差异化 / 060

企划会议不需要总结报告 / 062

总结报告式的会议无法拓展思考 / 063

需要的不是"评价"而是"成果" / 063

独自思考不如大家一起思考 / 065

东京是诞生创意的沃土 / 066

积极听取不同类型和立场的意见 / 067

第三章
取得 10 倍成果的方法

目标不是提高 10%，而是提高到 10 倍 / 071

不打破规则就不可能取得 10 倍的成果 / 075

做一个敢于打破规则的人 / 076

承担风险是为了取得成功 / 078

"比去年提高 10%" 这一目标的错误之处 / 080

活用 "20% 规则" 的方法 / 081

为了走入新的阶段必须 "让自己的工作消失" / 085

Think like an owner / 087

成功取得 10 倍成果的人的共同点 / 089

第四章
创建提高工作效率的人际关系的方法

用 "实物" 说话 / 097

消除交流无用功的方法 / 100

上司也是成本！/ 100

与部下的交流每周一次就够了 / 101

让自己平易近人 / 103

告诉部下 "上司的使用方法" / 104

为什么在我的办公桌上会出现 "彼得神社" / 105

通过团队活动提高职场的 "心理安全" / 106

因为信赖所以能恶作剧 / 107

如何创建心理安全程度较高的环境 / 109

创建 "反馈渠道" / 110

绝对不能完全否定对方的意见 / 111

日本企业原本就有的做法 / 112

提高工作效率的不是流程而是"人" / 115

你的人际圈将改变你的人生 / 118

见到关键人物的时候应该说什么 / 119

发现最有能力的人 / 121

改变人际关系的优先顺序 / 122

与关键人物建立联系 / 124

不要"take"而是"give" / 125

接近关键人物的方法 / 126

如何在有很多人参加的派对上给对方留下印象 / 127

利用脸书保持一种若即若离的状态 / 127

第五章
迅速学习必要技能的方法

应该学习的不是知识而是经验 / 133

"检索时代"学习的基本原则 / 135

与学习相关的"询问"规则 / 137

向擅长工作的人询问 / 138

在职场中"学习" / 140

利用反馈获得自己意想不到的情报 / 141

工作前进行"前馈" / 142

实践比研修更容易获得自信 / 144

通过交流学习 / 147

多参加交流 / 148

不要排斥不同领域的人 / 149

将 SNS 活用到学习中 / 151

孤身一人不如齐心协力 / 153

"for"与"with" / 153

为什么要学习 / 155

不断改变，坚持学习 / 156

第六章
谷歌的轻松工作方法

留出关闭电脑的时间 / 163

正念会议 / 164

将同时进行多项工作的时间与专心致志的时间区分开 / 166

同时进行多项工作的技巧 / 168

应对感情波动 / 170

睡午觉、吃零食、放松是自己的责任 / 173

    用性善论来管理企业 / 174

终章
破坏自己工作的人，将创建下一个时代

为了不让 AI 抢走自己的工作 / 181

分析时代的发展变化 / 185

如何掌握最新的科技 / 188

    积极尝试热门应用程序 / 189

    就算对技术细节不了解，也要跟上趋势 / 190

不要害怕变化 / 192

    你是否成了习惯的奴隶 / 194

    离开公司才知道自己的价值 / 195

    工作不能"和昨天一样" / 196

    波兰剧变带来的伤痕 / 197

    现在的世界绝对不是理所当然的 / 199

1 CHAPTER

第一章

让你比世界更快的工作术

不要依赖邮件

Google

一次结束

不要被邮件夺走时间

直接见面最有效率！

给"尽快"规定一个期限

集中精力于此时此刻……不要让多余的事情占用大脑资源

一次结束

我认为决定工作效率的关键在于对"现在"的使用方法。

谷歌为了取得 10 倍的成果，"现在做"和"现在不做的话那要等到什么时候做"的意识非常强。

要想在当今的效率时代生存下去，"现在立刻做"是必不可少的能力。

不过，"现在立刻做"是一句很容易让人产生误解的话。实际上，"现在立刻做"不等于急着做，也不是没有优先顺序只顾着一个劲地做眼前的事情。

而是要在意识到"现在取得了多少成果""现在工作能够进展

多少"等现状的前提下，绝对不将工作任务延后的意思。

在遇到千载难逢的机会时，"现在立刻做"固然非常重要，但如果在其他的情况下也能有"现在立刻做"的意识，那么这项工作的进展情况将会发生根本性的变化。

◎ **过度"推迟"会浪费许多人的时间**

来日本后最令我惊讶的一件事就是，明明当场就能够做完的事情，很多人却用"我以后再做"将这件事推迟到后面去。

有一次我在政府部门提交资料，因为有部分内容忘了写，结果对方就让我"重新提交一份"。

当时我就将电脑里保存的那份资料没写的部分补充好，然后用网络打印机打印出来，盖上事先准备好的印章，用便利店里买的订书器把材料都整理到一起，再次前往办事窗口。整个过程大概不到15分钟。

结果政府部门的工作人员很惊讶地说道：

"你怎么这么快就回来了？一般人都是先拿回家去，几天之后再拿过来的。"

这次轮到我惊讶了。

"什么？！再来一次不是又要浪费时间吗？修改资料这种事当场就可以做完。"

工作人员对我说："你这样的人我还是第一次遇见。"

这虽然只是我遇到的一件小事，但将本来一次能够做完的事情"推迟"去做，这就是工作迟迟无法做完的最大原因。

将工作分两次做不但浪费时间，还会因为这个工作没有做完而无法集中精神到下一项工作，导致工作效率低下。

或许有人觉得我言重了，但这样的无用功在工作中到处都是。

在科技如此发达的今天，很多事情不管在什么地方都可以做。因为一点小事就"推迟"的话只会浪费时间。

不要认为"公司是自己的办公室"，而要时刻记住**"自己在哪里哪里就是办公室"**，"此时此刻"就将工作完成的意识是非常重要的。为了实现这一点，我们可以使用许多工具。

接下来我将为大家介绍"一次就完成"的具体事例。

◎ **不要"推迟讨论"**

假设你在与顾客交涉的时候，必须要听取公司内部某人的意见。在这种时候你可能会对顾客说"关于这个问题我要和领导商量一下，我下次再联系您"。

但是当你回到公司之后发现负责人不在，而你接下来又有一件必须做的工作，那么你的整个工作的效率都降低了。还会因为"没有当场把工作做完"而感到充满压力。

在谷歌如果遇到这种情况的话，你可以当着顾客的面（通过即时通信软件）对负责人提出询问并且得到解答。然后你就可以解决顾客的问题，省去了回去找领导确认再用邮件通知顾客的麻烦。别人也会觉得你是一个工作效率很高的人。

"如果现在有必要的话，现在就联系。"

"如果现在应该决定的话，现在就决定。"

这是让工作没有停顿地顺利进行和完成的关键。

另外，通过谷歌文档（Google Docs，一款可以在网页上共享文件的文件制作软件）等共享工具，能够实现随时随地访问自己的文件，从而增加你"立刻能做"的事情。

比如在访问顾客的时候突然需要资料，只要这份资料在谷歌文档里，那你就可以立刻拿出来交给对方。这省去了你回公司之后发邮件的麻烦，让你可以立刻投入下一项工作之中。

◎ 当场做出决定

有时候就算工作不得不推迟，但结论和决断绝对不能推迟。如果召开了会议却没有做出任何决定，将会对接下来的工作进程造成巨大的影响。大家是否有过这样的经历，在公司内部会议上讨论某个问题，却无法当场得出答案，于是会议便草草结束。但即便在这样的情况下仍然有可以当场做出的决定。

比如"现在我们已经掌握这些情况，所以先将这部分确定下来，剩余部分下周再确认"，这样的话至少可以先继续进行确定部分的工作。

要想让工作迅速进展，一定要给**"做出决定"规定期限**。

比如"明天必须做出决定"或者"下周之前做出决定即可"。就算有的问题需要深思熟虑之后再做出决定，也不能永无止境地思考下去。所以应该规定一个期限，然后在期限之内集中精力解决问题。

如果工作没有截止日期，那么人在工作时难免会拖拖拉拉。工作的截止日期可以使人产生"必须在截止日之前做完工作"的责任感，从而集中自身的注意力。

行动是决定的结果。迅速地做出"就这样做""不要这样做"之类的决定，可以使行动变得更有效率。如果在做决定上花费太多时间就会迟迟无法展开行动。

有的人优柔寡断，觉得"这个办法挺好，但那个办法也不错"，就永远也无法踏出第一步。还有的人害怕失败，觉得"这个选择风险太大了", 总是不肯采取行动。事实上, "不做"也是一种决定。而"不知道到底应该做还是不做"则只是逃避做决定的借口罢了。

当然, 面对人生的重大抉择时, 或许不急着做决定, 而是退一步用更加全面的视角来进行思考更好。还有的问题会随着时间的流逝而自动解决。但是对商业活动来说, 推迟做决定总是弊大于利的。

◎ 活用"身边的人"

当你对客户提出的问题"不知道具体的内容", 或者"无法自己做出判断"的时候, 就无法回答对方提出的问题, 最终使交流陷入僵局。

但即便在这种情况下, 仍然有一种办法可以打破僵局。

那就是活用"身边的人"。

比如客户提出了一个问题, 但是仅凭你自己的权限没办法判断或处理, 那么你可以寻找身边有权限判断或处理这个问题的人。如果这个人能够立刻做出回答, 就当场给他打电话询问。

如果需要这个人配合行动, 那你可以在得到对方同意之后向自己的上司汇报, 请求上司与这个人的上司联系以进行具体的工作安排, 我觉得这样做是最有效率的。

工作就是不断地解决问题。自己能解决的问题当然自己解决最好，但工作中总会遇到自己一个人解决不了的大问题。在这个时候如果认输说"这是我解决不了的问题"，那一切就完了。

实际上，这样的问题只是在你自己的权限范围之内无法解决，但只要收集到解决问题所需的必要资源，那么问题自然迎刃而解。从这个意义上来说，只要你能当场告诉对方"要想解决这个问题，需要收集这些必要的资源"，那么也算是一种解决办法。你也会成为一个不只局限于自己的工作范围之内，而是能够解决更大问题的精英。

◎ 即便"不知道应该怎样做才好"仍然能够采取行动的人才会成功

无法做出任何决定的交流是对精力极大的浪费。如果每当对方提出新条件你都要回来询问领导，那工作又怎么能取得进展呢？

即便在不知道应该怎样做才好的情况下也仍然有能做的事。

当遇到超出自身权限范围的问题时，人难免会感到焦躁，但恰恰就是在"不知道应该怎样做才好"的情况下仍然能够采取行动的人才会成功。

事实上，在这种情况下我们仍然能够做到以下三点。

1. 将"知道的内容"和"不知道的内容"区分开

首先就是将自己"知道的内容"和"不知道的内容"区分开，

然后从"知道的内容"开始处理。只要打开一个突破口，接下来就会像多米诺骨牌一样，连之前"不知道的内容"也变得能够处理了。

我在遇到无法解决的问题时，首先会将"知道的内容"和"不知道的内容"都写在纸上。这样我就明确了哪些是"不知道的内容"，并且能够对"知道的内容"进行处理。我建议大家在不知道应该怎么做才好的时候也动动手，这样可以使大脑更加灵活和清醒。

比如在会议中遇到当时无法解决的问题，可以说"已经明确的部分就按照这样的方法来做。至于另外这部分问题，虽然现在没有解决方案，但我有个同事对这部分比较了解，等我回去向他请教一下，然后将解决办法发给大家"。

2. 提出问题

在对杂乱无章的"不知道的内容"进行整理时，"提问"必不可少。

在不知道原因与结果的时候，适当地提出"什么是最本质的问题""究竟发生了什么"之类的问题并逐渐推进解决问题的进程非常重要。图 1–1 中列举了我经常提出的问题。

3. 留出时间

遇到不知道该怎么处理的问题的时候，不妨放下问题稍微休息一下，或者出去散散步，给自己点时间放松一下也是一个解决问题的办法。

　　把在公司没有解决的问题带回家，或者一直思考这个问题，可能花费大量的时间却毫无进展。就算要思考这个问题，也应该从能解决的部分开始，至于其他的部分只要明确问题所在就好。

图1-1　在"不知道应该怎样做才好"的时候仍然能做的事

① 将"知道的内容"和"不知道的内容"区分开
如果是在会议过程中，就先将"已经明确的部分"说出来，把能做的部分先做完
＜例＞

知道的内容	不知道的内容
• 实现的方法	• 是否得到公司的最终认可
• 目的	• 最终成本
• 应该委托给谁	

② 提出问题
利用提问对"不知道的内容"进行整理
＜例＞
- 在这一层级是否能够解决问题？
- 是否需要解决更大的问题？
- 谁提出了反对意见？
- 为什么提出反对意见？
- 反对意见是否合理？
- 有其他的解决方案吗？
- 如果不解决会发生什么？

③ 留出时间
留出休息和散步的时间，让自己冷静下来

◎ 增加"现在"的密度

这样看来，"现在"能做的事其实非常多。

而为了增加"现在"的密度，还可以尝试同时做两件事。

如今很多书籍都已经电子化，我们可以直接购买电子书，而即便是纸质书也可以将其全部扫描下来，然后用软件导入电脑里。如果通过朗读器将书籍中的内容朗读出来，就可以一边开车一边了解所需的内容。另外，将纸质书数字化之后还可以通过关键词检索来迅速地找到自己想要的内容，从而节省翻阅书本寻找的时间。

关键在于要明确应该优先做什么。比如在便利店结账的时候，排队等待收银员找零钱就要花费时间，而这个时候我只需要用 Suica（日本西瓜卡，用于交通和便利店支付）扫一下就直接结账了。只要将浪费的 1 分钟、浪费的 3 分钟都节约下来，那么一天大概能节约出 1 小时的时间吧。一天 1 小时的话，一个月就是 30 小时，一年就是 365 小时。这么多时间足够我们做任何事。

比如，想获取新知识的话就可以用这些时间来看书。一天看 1 小时的书，一周能看完 2 ~ 3 本书吧。如果将这个时间用来冥想，那不但可以保持身心健康，还可以让自己以饱满的精神去迎接新的工作。

- 一次结束
- 当场做完

只要时刻保持这样的意识，将注意力集中在"现在"的工作上，那么你在同样的时间里所能够取得的成果一定更多，工作效率也会更高。

不要被邮件夺走时间

在大家日常使用的工具中，有一个是谷歌绝对不用的，你知道是什么吗？

答案是邮件。

或许有人会说：

"可是我每天都要用啊，邮件是必不可少的。"

"没有邮件怎么工作？"

但你有没有出现过这样的烦恼呢？

"一整天都在处理邮件，自己的工作一点也没做。"

"整天忙于邮件的往来。"

这岂不是本末倒置了吗？

谷歌的员工在这一点上就做得很好。他们会利用各种各样的工具将繁杂无用的交流降到最低限度。

◎ 不用邮件，所有人同时工作的话可以将工作时间缩短到原本的十分之一

会议结束之后，一般都会有一个人将这次会议的内容总结出来，或者根据会议内容制作"企划书""报告书"之类的资料。

当然，会议结束之后所有人都会回到自己的位置上继续工作。

如果制作完毕的"企划书"或"报告书"需要几个人确认的话，那么等待每个人确认完毕就需要花费不少时间，这会导致工作迟迟无法完成。

在谷歌，这样的工作都会"当场一次完成"。

在谷歌的会议室里有一个很大的显示屏。

不管是制作会议记录还是制作资料，如果只有一个人用笔记本电脑进行制作，那肯定要花费很多的时间。但如果是通过谷歌文档由所有人一起制作，那么资料基本能够当场完成。

但是，大家一起制作资料的时候如果所有人都只顾着看自己的电脑屏幕，那么讨论就难以展开，在这个时候显示屏就派上用场了。

所有人制作的资料都被显示在屏幕上，这样一来，大家就都会抬起头来，一边确认屏幕上的内容一边展开讨论。

资料的大体框架当场就可以制作出来。

图1-2   利用谷歌文档共享资料

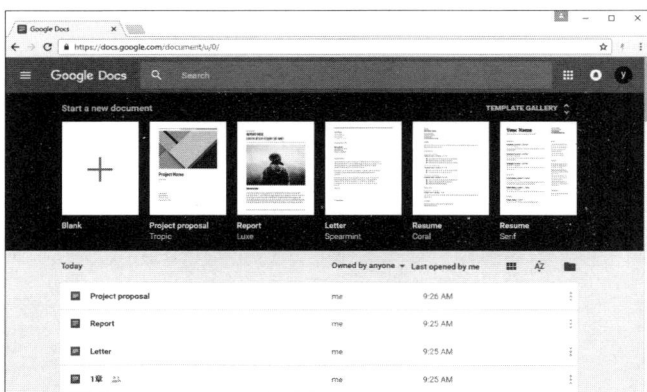

这种做法不只适用于会议，在推进项目进程的时候也同样有效。

一般公司的做法是，一个人先做好 Word 或者 PPT 文档，然后将文档以附件的形式添加到邮件里发送给其他人，其他人确认完毕之后加上自己的意见再用邮件回信。为了对不同人确认过的文档进行区分，还要在文档名称后面加上"1""2"等数字，或者"日期""确认人姓名"等信息来重新保存。

但是，给每个文档重命名不但麻烦、容易出错，还浪费时间。

谷歌从不采用在邮件附件里添加文档的方法。谷歌的员工只需要在通信软件里写上**"资料已经上传完毕，有需要的话请随时进行修改"再附上谷歌文档的链接一起发给相关人员，相关人员就可以根据自己的想法来对资料进行修改**。如果资料需要立即修改完毕，那么员工可以通过即时通信软件或者视频会议来进行实时通话，将工作当场做完。

因为这种方法可以让所有人都时刻保有最新的版本，所以员工都可以从资料的版本管理中解放出来。

编辑邮件、发送、再编辑邮件、再发送，这种工作方式会浪费大量的时间。取消邮件的交流，当场将工作做完才是最有效率的办法。

最近，与公司外部的人合作进行项目的情况越来越多，在这种情况下云服务更是必不可少的。

利用云服务，在管理工作进程的时候就不用特意将所有人都召集到一起。只要将工作进度上传到全员共享的文件夹里，然后让大家对其进行确认即可。如果一切顺利那就继续工作，如果出现问题则展开讨论。既简单又方便对吧？

除了谷歌文档之外，微软的 Office 365（微软推出的一款跨平台办公软件，基于云平台提供服务）和苹果的 iCloud（苹果公司为用户提供的私有云空间）都可以在云端共享文件。

◎ 绝对不要用邮件来进行日程调整

在邮件往来之中，占比例最多的就是日程调整。这是一项非常麻烦的工作。

比如你想召开一次会议，向全员发送邮件确定时间之后，经常会出现个别人时间安排不开的情况，于是只能调整时间后再次向全员发送邮件。如果有一个人没回复邮件，那时间就迟迟无法确定，对会议的召集者来说这绝对是一个苦差事。

我就遇到过类似的情况。在与某公司确认会议日程的时候，对方说"下次会议想让其他部门的人也参加，需要对日程进行一下调整"，结果我等了两天对方才给我答复。

只是调整一下会议时间难道需要两天的时间吗？

绝对不要将时间浪费在无法取得任何成果的工作上。

为了避免出现这种情况，可以通过云服务来进行日程调整。

最近，很多企业的时间表管理系统都已经具备了预约会议室的功能。但谷歌日历（Google Calendar）之类的云服务能做的事情更多。

比如将谷歌日历在相关人员之间共享，那么大家就可以随时添加诸如会议之类的安排。打开自己的日历可以确认会议的召开时间，点击会议名称还能够确认会议的参加者和议题。除此之外，还可以事先将会议资料上传上去。做好这些前期准备之后，到了会议当天大家就能够直接进入正题展开深入的讨论。

如果你将自己的谷歌日历与部下共享，那么部下就可以选个双方都空闲的时间找你进行交流，从而省去调整日程的麻烦。如果遇到非常紧急的情况不得不改变时间表，你也只需要改变日历上的日程，而这一信息会立刻被共享给对方，就不用逐一用邮件进行通知了。

这个方法特别适用于担任管理职务的人。有时候部下只要得到上司的许可就能够立刻开始工作，但因为找不到机会与上司沟通导致工作迟迟不能展开。而在共享日历之后，部下就能够根据上司的时间安排来预约面谈的时间，从而提高整体的工作效率。

"今天您有空吗？""您什么时候有空呢？"如果总是让部下问你这样的问题，那等于是在浪费部下的时间。

我将自己的谷歌日历设置为只公开空闲时间，然后与客户共享。这样一来，我就省去了很多日程调整的麻烦。

图 1-3　谷歌日历可以添加附件

　　另外，谷歌日历可以分组设置共享范围，所以也能够与家人共享私人日程计划。

　　如果除了公司的日程表之外还要单独制订一个私人日程表的话，那管理起来将会非常麻烦。而将所有的日程表都统一到谷歌日历之中，只将共享范围分组设置，不仅更加便于管理，而且不会出现双重预约的错误。

　　比如有的夫妻就共享日历，将自己晚上的日程计划都写在上面，以此来确定晚上是否需要做晚饭。比如丈夫在日历上写着"周三晚上要加班所以不回家吃饭"，那么妻子只要看一下日历就知道了，省去了发信息向丈夫确认的时间。

　　活用谷歌日历，可以让交流变得更加顺畅。日程调整是典型的无法取得任何成果的无用功。要想充分地利用好时间，首先就要从这些无用功处着手进行改变。

◎ 为了提高效率，英语必不可少

　　要想消除工作中的无用功，以英语为中心进行交流非常重要（尤其是对那些经常与海外客户打交道的人来说）。或许会有人说"只要有翻译就没问题""资料翻译过来就行"，但**将英文资料翻译成日语，等于是时间和成本的二次浪费**。当接到英语邮件和资料时需要找人翻译成日语，用日语做完回复或者分析之后又要找人翻译成英语，光是这种无法产生任何附加价值的工作就要花费大量的时间和精力。

　　在谷歌，一切的交流都用英语进行。就算两个人都是日本人也一样用英语进行书面交流。因为最初就用英语书写的话，那么一旦有需要的时候可以直接抄送给其他外国同事。

直接见面最有效率！

邮件无法实现完美的沟通和交流，还会拖慢工作的节奏。

有时候来来回回发好几次邮件也没搞清楚对方的意图，双方迟迟无法达成一致。这种情况下直接见面是最好的解决办法。

面对面的交流具有非常重要的意义。我在打字交流的过程中，有时候也会提出"还是直接说话吧"，然后就打开谷歌环聊（Hangouts）开始视频交流。因为面对面的交流时能够看到对方的表情，可以将自己的想法直观地传达给对方，所以与只使用文字或者声音相比，面对面的交流更有效率。

直接见面还可以当场解决问题。现在，电梯维修人员可以通过视频与工程师进行交流，从而提高工作效率。

事实上，谷歌是一个经常召开小型会议的公司（以为谷歌是 IT 企业所以不管做什么都通过邮件交流的人一定很吃惊吧）。

因此，在谷歌公司内部除了公共空间之外，还有很多可以让人坐下来进行交流的地方。

谷歌的会议都非常有效率。

首先确定解决问题或者做出决定都需要哪些人，然后将这些人召集到一起，最后迅速地解决问题或者做出决定。

很多企业在召开会议之前都会先调整参加者的时间表然后向每一位参加者发出邮件，但这样要花费许多时间和精力。实际上只要在需要开会的时候直接找参加者问一句**"现在有空吗"，绝大多数的人都能够立刻前来参加。**

会议的目的不是将人召集到一起，而是取得结果，所以只须召集对取得结果有帮助的成员即可。

即便是每周同一时间举行的定期会议也不必每次都要求全员参加，作为会议的组织者可以根据具体情况随机应变，比如适当地变更参加人员，或者在重要成员因为出差等情况无法参加的时候改变会议时间等。如果无法取得预期的成果，取消会议也是一个明智的选择。

◎ 邮件是"等待文化"，即时通信是"实时文化"

从这个角度来看的话，邮件反而给我们的工作增添了许多"麻烦"。

我们可以将邮件和即时通信软件进行一下对比。

以解决问题为例，使用邮件的话首先需要将问题详细地写下来，然后发送给对方等待对方的回复。这一个来回就要一天的时间，有时候甚至需要等上几天，如果一个来回不能解决问题的话时间拖得就更长，解决一个问题花费一周以上时间的情况也屡见不鲜。

这样一来，一个人用好几天的时间才做完一项工作，然后将工作交给下一个人，下一个人又用好几天的时间完成自己这部分的工作再交给下一个人。稍微想想就会发现，这种传统的工作方式实际上非常没有效率。因为每个人工作的效率不同，工作效率高的人等待别人将工作完成交给自己的这段时间就等于是被白白浪费掉了。

不仅如此，如果这一系列的工作流程中有一个人工作质量太差，导致工作必须重做的话，那之后所有的计划就都要推迟。采用这种工作方法，不管多么努力，都不可能高效地取得成果。

　　如果利用即时通信软件，就可以将所有人都召集到一起，一边讨论一边汇总意见，**最终当场做出决定**。如果分散地工作，需要花费几天的时间，可只要约定一个时间将相关人员都召集到一起，就能一口气将工作完成。如今网络已经发展得十分成熟，所以就算大家不在同一个地方也没关系。虽然存在时差问题，但让分别在日本、美国、印度的成员同时进行一个项目也是可以实现的。

　　我有一个身处纽约的管理顾问合伙人，而我的创业合作伙伴分别身处美国、巴西以及乌克兰。这些分散在世界各地的人都要经常与身在日本的我进行联系。

　　有趣的是，因为我们频繁地通过视频聊天软件进行交流，所以不管对方在东京、纽约还是在伦敦都没关系，唯一需要注意的就是当地时间，以免打扰了对方睡觉。除此之外，几乎感觉不到任何物理上的距离。

　　在日本能够免费使用的视频通话软件中，LINE（连我）、脸书的 Message（脸书内置的聊天工具）以及苹果的 FaceTime（苹果设备内置的一款视频通话软件）普及率都很高，对绝大多数商务人士来说，这些软件既方便又实用。

　　我的管理顾问合伙人石原明先生就会**利用 LINE 与顾客进行联系，将他的想法告诉对方**。另外，石原先生还帮助一些创业项目筹集资金，他经常用 LINE 与投资者们进行实时的沟通与交流。在他最近负责的几个项目之中，用 LINE 联系的人普遍比用邮件联系的人更快获得投资。

邮件是等待文化。不当场做出回答而是等待仔细分析研究之后再做出回答。而即时通信则是实时交流文化。**当场将问题全部解决。这种速度上的差异会非常明显地表现在工作成果上。**

将所有人都聚集起来一起工作，能在十分之一的时间内取得 10 倍的成果。如果能够灵活地利用云服务等工具，就可以从根本上改变工作的方法。

◎ 限制访问是阻碍竞争的主要因素

在前文中我介绍了很多可以提高工作效率的工具。但是有很多公司出于安全上的考虑禁止员工使用这些工具，这真是非常奇怪。

假设你存有重要数据的电脑被弄丢了。

如果可以通过远距离操作将电脑中的数据删除的话还好，但如果没有这种保护措施就会有重要信息泄露的危险，而且如果数据没有备份，那么或许就再也无法将那些数据找回来了。

但是，如果你在工作中使用了共享软件，那就可以立刻使用其他的电脑通过网络将重要的信息删除。我觉得将重要文件和数据只保存在电脑上反而更危险。

限制访问还会影响信息收集。

大多数日本的大企业都有独立的内部系统，对访问外界的网站加以限制。

比如限制访问 YouTube（源自美国的视频分享网站）的话，就看不到热门的动画、广告以及电影预告等；限制访问脸书的话，就无法与公司外部的人发信息交流。这样一来，要想与公司外部的人联系就只能通过智能手机登录脸书，而手机上的内容又很难直接在公司的电脑上打开，**有时候为了在公司的电脑上确认对方发过来的链接，首先需要用手机复制这条链接，然后用邮件发到公司的电脑上，这个过程就充满了无用功。**

我在海外工作的时候就经常使用领英（LinkedIn）这个商业 SNS（社交网络服务）工具。在见面之前先在领英上查阅对方的资料可以说是理所当然的。在看对方资料的时候，能够了解到他都从事过哪些工作，有什么习惯，什么样的话题可以引起他的兴趣，与自己有什么关联。事先做好这些准备，等到正式见面的时候交流会更加顺畅。

在初次见面之前先通过谷歌、脸书和领英等工具搜索一下对方的名字，现在已经成为商界人士的基本习惯。如果公司限制访问脸书和领英的话，就会严重影响收集信息的速度。

本来云服务是面向所有设备提供服务的，但因为有些大企业的内部系统实在是太陈旧了,以至于连云服务都不能充分地加以利用,这是一个非常严重的问题。但很多大企业还没有意识到这个问题,他们该如何与那些新兴的科技系企业竞争呢?

很多人认为公司内部的 IT 负责人就是解决电脑出现的故障和帮忙升级系统的人,但今后希望 IT 负责人也能**想一想如何用电脑来帮助公司提高竞争力**。

给"尽快"规定一个期限

在大家的工作之中一定有很多"没有期限的工作"。

有时候工作不能当场做完，很多人都习惯用"尽快做完"为借口将工作延后。

但"尽快做完"会带来怎样的后果呢？这个工作会一直留在你的思绪之中，让你无法集中精力去做其他的工作。

"尽快做完"还会使你将所有的工作都摆在同样重要的位置，无法分出优先顺序，结果一事无成。

工程师在项目冲刺阶段一般都会采用**"规定期限，集中精神"**的工作方法。比如上司要求"两周时间内实现这个功能"，那么就必须在两周之内将精神都集中在这项工作上。也就是说，要在限定时间之内集中精神完成工作，取得成果。

对我来说"别人委托的工作"就相当于"项目"。

为了完成项目都需要做什么呢？比如，必须完成哪些工作？必须收集哪些信息？必须学习哪些知识？我会将这些必须要做的事情都罗列出来，制订一个能够在期限内完成的计划，然后按部就班地执行。

◎ 由委托人来决定优先顺序

一般情况下，工作的委托人应该告诉被委托方"这项工作需要在什么时候之前，以什么样的品质完成"。

但令人遗憾的是，很多管理者都将这个责任甩给了部下。

大家是否有过这样的经历？

上司："总之尽快给我做完。"

部下："明白了。"

（心中却想："那昨天交给我的那个工作怎么办？到底优先处理哪个？"）

在这种时候正确的做法是直接向上司询问。

"这个工作和昨天您交给我的那个工作哪一个更优先？"

明确工作的优先顺序和品质要求是专业人士的基本素养。

上司有责任明确工作的优先顺序。上司没有交代优先顺序的工作，部下也无权擅自决定，必须向上司请示才行。

◎ 创意性工作也需要规定期限

有些工作难以规定期限。

比如创意性的工作。有些设计师很重视"灵感"，所以不给自己的工作规定期限，但这只是极个别的例子。

即便是创意性的工作也应该规定一个期限。

我为客户提供管理咨询的时候，首先会用 **30 分钟到 1 小时的时间**进行头脑风暴。然后对在这有限的时间内发现的创意进行深入思考，最终提出具体的意见进行讨论和实施。

如果不规定一个期限，工作就很容易停滞不前。只有时刻意识到工作的期限，最终才能够取得更好的结果。

◎ 大胆地将期限提前

要想更进一步提高工作效率，将期限提前是个很有效的方法。

假设你的上司在周一的时候要求你在周五下班之前做完一份资料。如果你给自己规定的期限是"周五早晨之前做完"，那么就没有时间对资料进行修正。如果你给自己规定的期限是"周四下午一点之前做完"，那么虽然可以提前拿给上司检查并且对资料进行细微的调整，但如果资料不符合上司的要求必须进行彻底修改的话，那剩余的时间恐怕来不及。更重要的是,你在周四之前的工作等于是白白浪费掉了。

所以最好的做法是在周二最晚不超过周三,**就做出一份整体框架**并拿给上司检查。

如果觉得只有简单的框架和口头说明不便于上司理解或者害怕产生歧义,可以用 PPT 做一个简单的样品帮助你进行说明,比如"将数据放在这里,按照这样的顺序制作资料,您看怎么样",这样也更便于上司做出指示。

如果上司对资料的设计和版式有要求,你还可以从过去的资料中选出 2 ~ 3 个版式,询问上司想要选择哪一种,从而避免后期重新制作的麻烦。

也就是说,就算上司让你"周五之前"做完,你自己也要将期限提前,在"周二最晚不超过周三"的时候做好一个样品并拿给上司确认。

像这样将期限提前不但可以提高最终成果的精准度,还能够省去后期修改的麻烦。

另外,因为更快地完成了工作,你还会产生"这项工作既有趣又轻松,所以很快就做完了"的感觉。保持心情的舒畅也是非常重要的。

集中精力于此时此刻……不要让多余的事情占用大脑资源

如今十分流行的"正念（Mindfulness）"也被谷歌公司所采用，所谓"正念"就是将意识集中于"此时此刻"。当然这并不是为了幻想，而是为了面对现实。

脑科学领域内有一个观点，即人类只能认识到"此时此刻"。回忆过去和展望未来都不属于认识，只能被称为幻想。如果任由幻想在大脑里游荡，意识也跟着来来回回乱窜，那就无法将精力集中在眼前的工作上。

反之，如果排除一切干扰，**将精力集中于"此时此刻"，就能够发挥出最佳的水平。**

谷歌就专门为员工准备了这样一个**"排除一切干扰"**的体制。

在日常生活中有很多问题会扰乱我们的思维，却又让人又不得不去思考。比如"今天午饭吃什么""在什么地方招待客户吃午饭""想跟同事喝一杯，不知道去哪儿才好"。

这些令人烦恼的问题根本无法创造任何附加价值。

所以我们不应该将大脑资源用在思考这些问题上。

谷歌的员工餐厅是免费的，员工可以随意选择自己喜欢的美食。这就为员工省去了"今天去哪儿吃什么"的烦恼。不仅如此，员工还可以在这个餐厅里招待自己的家人、朋友或者客户，甚至举办简单的商务宴会。而餐厅里的酒吧完全可以满足"想跟同事喝一杯"的愿望。

除此之外，谷歌公司内部还设有按摩椅与休息室，日本分公司还有可以自带乐器的音乐室和卡拉 OK。

这些不只是员工福利，更是为了让员工能够不被工作以外的问题困扰，将精力都集中在工作上。

◎ 不要把时间浪费在选择衣服上

不在多余的事情上浪费精力，将注意力都集中在工作上，这样可以更快地完成工作，将余下来的时间用在其他有意义的事情上。

所以我会尽可能地简化自己的日常生活。比如我只穿黑色的衬衫，夏天就只穿黑色的 T 恤。这样不但省去了挑选衣服颜色的时间，而且黑色的上衣不管搭配什么裤子看起来都很合适。同款的衬衫我会直接买三件换着穿，这样就不必为每天穿什么衣服烦恼了。节省下来的时间和精力可以用来思考新的创意，或者解决困难的问题。

有人每天都要花很多时间挑选上班时穿的衣服，每个季度都去购买流行的服装，享受搭配的乐趣，并且不认为这是一种无用功。但这样的人对待工作的态度显然和我不一样。我会将挑选衣服的时间都用于在工作中取得成果。我觉得为了买一件衣服而逛好几家店铺完全是浪费时间，所以我每次都去 ZARA（一个服装品牌）买三件一样的衣服。史蒂夫·乔布斯就总是穿着同样的衣服出席发布会，或许他也是只想将大脑资源用在真正重要的事情上吧。

只要仔细地观察一下就会发现在日常生活中存在着许多被浪费掉的时间。如果能够将这些时间利用起来，那么不管是工作还是生活，效率都将大幅提高。

以我为例，每当有新的智能手机应用程序出现时我都会下载试用。如果有人推荐新的效率软件，我发现真的比我之前用的软件更有效率，那我立刻就会更换。不断地更换新的应用程序，不断地缩短时间。我对此毫不犹豫。

◎ 对"此时此刻"持有明确的目的

能够"现在立刻做"的人都有明确的志向和目的。拖拖拉拉、磨磨蹭蹭，那根本不是在工作。要想在"此时此刻"拿出最佳的表现，就必须仔细分析眼前的任务，**搞清楚"为什么要解决这个问题""在什么时间之前得出答案"，设定好"目的与目标"（期限）之后全力以赴。**

比如召开会议，不只是要将参加者召集到一起，还要事先确定会议的议题。比如为什么将大家召集到一起，要做出什么决定，要取得什么成果，自己要通过会议得到什么收获，等等，总之在参加会议之前一定要明确目的。

图1-4　会议前的准备列表

☐ 为什么将大家召集到一起

☐ 要做出什么决定

☐ 要取得什么成果

☐ 通过会议要得到什么收获

明确目的之后再参加会议

"因为被选为会议的参加者，不管愿不愿意都要参加""明明手头有别的工作要忙，但没办法不得不参加""反正会议的结论早就确定了，我参不参加都一样。但要是在会议上一言不发的话，别人会认为我没有工作积极性，所以就随声附和一下好了"，有这样想法的人无法通过会议得到任何收获，还不如干脆地提出"我不想参加这次会议，让我做别的工作吧"。

◎ 事先预测、控制局面

要想在事前就明确目的，必须事先进行预测。而事先预测主要是为了在当时能够控制局面。只有预想出各种各样的状况，事先想好"出现这样的情况，我要这样应对"，才能不受周围的影响，按照自己的意志行动。

与客户见面之前，应该事先想好合适的问题；参加会议之前，应该事先设定好目标；接受上司的委托时，应该将期限提前，先做出一个样品让上司确认；外出办事之前，应该随身携带笔记本电脑并且将所需的数据资料上传到云端，以便能够当场处理可能出现的问题。

能够"现在立刻做"的人，不只是善于对工作进行安排，更是因为他们通过事先预测对可能出现的情况都做好了万全的准备，所以才能够立刻对突发情况进行处理。

◎ 将一周每天要做的事情区分开

要想集中精力于"此时此刻"，对时间表的管理也是必不可少的。我曾经担任过谷歌亚太地区总裁助理的职务，这项工作需要与散布在印度、澳大利亚、日本、韩国、中国以及新加坡等国家的工作人员保持联系。不仅如此，我还必须出席管理层会议，每个国家和地区都有定期召开的会议，我必须一边进行调整一边制订时间表。

而我当时采取的做法是"将一周每天要做的事情区分开"。

比如将与部下交流的时间都安排在周一，与其他团队开会讨论的时间都安排在周二，而周六则尽量减少会议时间，将更多的时间留给自己静下心来思考或者放松一下精神。

与"利用开会之前的30分钟制作资料"这样细分化的时间管理方法相比，我的这种方法可以使我将精力集中在一项工作上。

另外，在日历上还要留出空白的时间段并且与其他人共享，一旦出现紧急情况可以将其安排在这个空白时间段里。而没有紧急情况出现的话，就可以利用这段空白时间将精力集中在必要的工作上。

◎ 选择舒适的工作环境

在谷歌，大家为了能够取得最好的成果，每个人都很重视对工作环境的选择。

以我为例，我就用过一种可以调整高度的办公桌。当我感到困倦的时候，我可以将办公桌调高，然后自己站着工作，通过简单的运动来消除困意让思维更加活跃。而平时坐着工作的时候，我也可以调整一个合适的高度让自己更加舒服。

另外，我的电脑有两个显示屏，这样我的电脑桌面就会变得更大，我可以同时打开多个文件进行阅览，这极大地改善了我的工作条件。比如在一个屏幕上显示资料，另一个屏幕上显示图表，还可以一边制作资料一边参考网络上的信息，可以说十分方便。

在办公桌上摆放一些对自己有重要意义的装饰物或者照片，可以起到提高工作积极性的作用，重要的办公用品也应该摆在触手可及的地方。

我在谷歌时，我的团队成员几乎都没有自己的办公桌。他们有的人在家工作，有的人在咖啡馆里工作，还有的人直接在公司内部借了个房间，自己在里面工作。他们认为，只要是能够让自己集中精力取得成果的地方就可以工作，至于这个地方是哪里并不重要。

曾经有一位大型企业的管理人员前来谷歌参观学习，在看到谷歌办公室里的状态后惊讶地问道：

"连办公桌都没有，怎么能知道员工是否在工作呢？"

我答道：

"因为他们都按时交出了令人满意的工作成果，所以没有问题。"

对方又问道：

"可是这样你怎么能确定他们一定能够按时交出令人满意的成果呢？"

"每周都有一对一的交流，这让我可以全面地把握工作进程。"

但对方还是以一副不可思议的表情说道：

"我觉得还是坐在一起了解得更清楚吧。"

我觉得他对工作的理解有些偏差。

工作的目的并不是"从早9点到晚5点坐在同一个地方"，而是取得令人满意的成果。

所以如果有人认为"我在自己家里的沙发上工作得更顺利"，那就让他在自己家里的沙发上工作，甚至适当地休息一下也没关系；如果有人认为"我在公园里进行思考更有效率"，那就让他在公园里思考问题。总之就是要在自己觉得最有效率的环境里工作。

如果想提高工作效率，一个舒适的工作环境十分重要。

就算公司规定必须在公司的办公室里工作，你也仍然可以在工作的途中出去散散步，或者在椅子上放一个舒服的靠垫。

我们有责任为自己创造一个能够取得最佳成果的工作环境。

　　如今越来越多的企业都在尝试提高劳动效率、缩短劳动时间，重视员工与员工之间、员工与家人之间的交流，并且在社会贡献和革新上投入大量精力。相信从今往后，我们的工作环境也会越变越好。

总结

☐ 想办法"一次结束"

☐ 先将能够当场确定的事情确定下来，切实地取得进展

☐ 思考不用邮件而让所有人一次做完的方法

☐ 给所有的工作都规定期限

☐ 将精力集中于"此时此刻"

☐ 选择一个能够让自己集中精神工作的环境

2

CHAPTER

第二章

没时间去进行逻辑分析!

用集体智慧来进行思考

Google

与逻辑和分析相比"灵感"更重要

创意思维需要活用集体智慧

有"灵感"才有新创意

什么时候需要逻辑思考，什么时候应该依靠直觉

企划会议不需要总结报告

独自思考不如大家一起思考

与逻辑和分析相比"灵感"更重要

人们常说在商业活动中切忌感情用事，要重视逻辑思考。要基于证据进行逻辑思考，条理清晰地进行说明。甚至很多人都认为，所谓的"商界精英"就应该拥有极强的逻辑思考能力，能够迅速地将一件事情讲得明明白白。

关于逻辑思考和逻辑分析的书都很畅销，或许是因为有一大半的日本人都认为"自己不够理性"吧。

普遍的观点是，日本人不能准确地区分理性和感性，一旦对逻辑内容提出反驳和异议，就很容易被看作是进行人身攻击。诚然，对有些问题必须经过缜密的逻辑思考和条理清晰的说明才能够准确地将意思传达给对方。但这并不意味着逻辑思考的方法是万能的。

有时候过于理性甚至会带来麻烦。

　　还有一个与"逻辑"相似的词就是"分析"。如果数据证明"A → B""B → C",那么经过逻辑分析就可以得出"A → C"。基于证据（数据）的分析是聪明人的强项。

◎ 没有结论的分析毫无意义

　　有趣的是,虽然日本人认为自己不擅长辩论,但他们非常喜欢分析。如果你拜托一个日本人"请调查一下某某事物",那么他肯定会将该事物的每一个细节都调查得清清楚楚,并且进行各种分析。然而不管他进行了多么详细的分析,却不会得出任何结论。当你问他:"你调查了这么多,得出了什么结论呢？"他往往会一脸茫然地回答你:"啊？"

　　当日本人想了解某样东西或者事情的时候,肯定会先用谷歌进行检索,再进行非常详细的调查和分析,然后就止步于此。

　　为什么会出现这种情况呢？因为日本人**不知道自己究竟为什么要调查,也就是没有明确调查的目的。**

　　本来调查和分析的目的是搞清楚接下来应该采取怎样的行动,但日本人将调查和分析本身当成了目的。既然不能取得任何成果,那么从一开始就没必要进行任何分析。

　　比如上司说"调查一下出版行业的情况",或许有的人马上就开始对市场规模、成长率、各出版社在各领域的市场占有率、名列前茅的企业等基础数据开始调查。但是，如果不知道上司为什么想要出版行业的数据，那么不管调查出多么详细的数据也派不上用场。

打算进军出版市场？想在杂志上刊登广告？考虑收购某个出版社？想与出版社进行业务合作？想自己成立媒体部门？还是只想出本书？目的不同，所需的信息也不同。

在没搞清楚目的的情况下就贸然对某一行业进行调查，因为不知道应该调查到什么程度，只能花费大量的时间进行详细的调查。结果可能你通宵达旦制作的资料，上司只是挑他需要的内容看了一眼就完事了。**既然如此，只调查这部分的内容不就好了吗？**

或许真正需要的信息只要一张 A4 纸就足够了，在不了解目的的情况下进行的盲目分析对任何人都没有好处，只是浪费时间罢了。

◎ 分析的目的是什么

在寻找新创意的时候，详细的分析真的是有必要的吗？

请大家思考一下，看着那些不知从什么地方收集到的数据，真的能想到有趣的点子吗？相比盯着那些枯燥乏味的数字，或许能够为我们提供灵感的"物品"更容易成为发现新创意的突破口。

比如从杂志上剪下来的页面、自己拍摄的照片、感兴趣的网站、街头流行的商品、最近阅读的新闻报道、偶尔去光顾的餐厅、感到震撼的一句话、被精美的设计所吸引而购买下来的书籍……将这些繁杂的物品全都摆在会议室的桌子上，然后大家一起思考，肯定能想到好的创意。

行业分析在制订计划的阶段确实具有一定的意义，但是如果从最初的创意阶段就从数值分析开始，那么恐怕很难想出能够引起顾客兴趣的计划。

我曾经帮助许多企业进行改革，我发现越是需要创意思维的时候，数值分析的作用就越小，甚至还会造成阻碍。**创意思维需要的是灵感以及来自丰富经验的直觉。**

管理顾问经常使用的 SWOT 分析（分析自己公司与竞争对手的强项与弱点、事业机会、威胁）和思考的框架，都是在需要将已知事实向其他人进行说明的时候十分有效的工具，但并不适合用来思考创意。这些都是管理顾问为了完成说明责任而开发的工具，而完成说明责任和思考创意完全是两码事。

创意总是突然出现。散步的过程中、搭乘电车上班的路上、在人群中忽然停下脚步的瞬间、泡在浴缸里发呆的时候……

为了引发这种"突然出现的创意瞬间"，最好的办法是多准备一些能够激发灵感的材料。将繁杂的信息全都摆出来，尝试各种组合，大胆地进行思考，在大家一起进行头脑风暴的时候积极地发言。在这些发言的刺激下，好点子也会越来越多，这就是灵感的连锁效应。

　　一个人的大脑所能够思考的内容是有限的，但如果大家聚集到一起进行思考，那么当天一定能够想出一个具有可行性的工作计划。正所谓三个臭皮匠赛过诸葛亮，大家一起思考肯定比一个人独自思考更容易想出好的创意。

创意思维需要活用集体智慧

　　接下来我将为大家介绍一些我常用的思考创意的方法。这些方法都不难，希望大家能在思考创意的时候尝试一下。

　　因为创意思考离不开团队合作，所以这些方法需要让成员集中在会议室一起进行思考。

　　在团队的人选方面，类型可以说是越多越好，因为这样更容易引发灵感的连锁效应。比如要思考新商品的企划或者革新，那么除了企划部门的人员之外，工程部门、销售部门、宣传部门，以及公司里的电影迷、模型迷等都可以找来一起讨论。

◎ **多准备一些灵感的提示（线索）**

为了提高对信息的敏感度，可以准备几个透明的文件袋或者文件夹，然后将各种各样的图片、从杂志和报纸上剪下来的内容、写在纸上的关键词等放在里面。如果没有透明的文件袋或文件夹，用A4纸也可以。

图 2-1　线索卡的示例

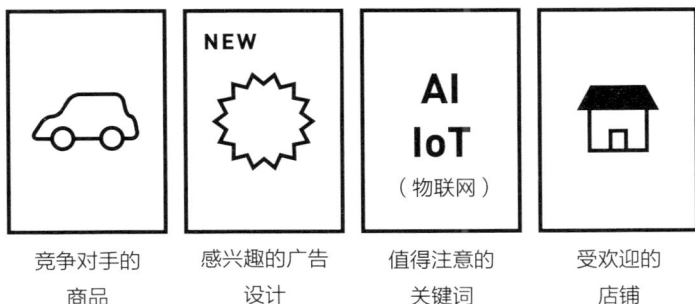

竞争对手的商品	感兴趣的广告设计	值得注意的关键词	受欢迎的店铺

在每个文件夹中放一个自己认为与课题相关的内容

夹在里面的素材可以是竞争对手的商品、设计新颖的广告、装修精美的店铺照片、热门的电视节目的某个镜头、触感舒适的服装材料、最近沉迷的游戏和程序的图像等，让参与讨论的成员各自带自己感兴趣的素材也不错。我将这些称为"线索（clue）"，线索是寻找创意的突破口，是激发灵感的素材。

接下来大家就一边看着这些线索卡，一边对各种组合模式进行思考。线索卡可以散乱地挂在墙壁上，也可以随意地铺在地面上，只要便于大家观看即可。如果能够将会议室内的桌子和椅子都清理出去，创建一个可以自由移动的空间则效果更佳。

"将这两个物品组合在一起，就能够诞生这样的新商品""如果有一个这样的服务或许会非常方便""似乎能够实现这样的商业模式"，新商品、新服务、新事业、新的促销方法和广告设计……根据召集来的成员，思考出来的创意也会各不相同，总之只要将大家聚集在一起就肯定能够想出新的创意来。

◎ 通过制造混乱让大脑活跃起来

之所以需要准备这么多的线索卡，就是为了故意制造出混乱。

脑科学和心理学家阿拉斯塔·普兰提斯指出，人在出现混乱的时候脑波异常活跃，能够连接到位于深层心理与潜意识中的信息。也就是说，**通过人为地制造混乱，可以使潜意识活性化，从而更容易思考出新的创意。**

完全遵照现有的逻辑，由 1 到 2，由 2 到 3，由 3 到 4 地进行思考是无法想出新创意的。我再强调一遍，只有在需要对他人进行说明的时候才需要条理清晰的思考。也就是说，逻辑思考的作用只是"履行说明责任"，并不能产生灵感。

几百张线索卡可以有无穷多种排列组合，而且即便是相同的排列组合，在不同人眼中也会有不同的含义。选用实体卡片可以增强视觉刺激，一边动手排列组合一边进行思考，人为地制造混乱迫使大脑快速思考更容易产生灵感。

如果有人想到自认为不错的创意，就将想到的创意写在白板上。大家一边思考一边讨论，然后将创意筛选到两三个。接下来根据科技发展的趋势、行业的动态、实现可能性、成本等因素来进行综合分析，最后选出一个。

◎ 靠集体智慧才能产生创意思维

我最多组织过 60 个人进行这种创意活动，只要大家都认真地参与进来，讨论的氛围就会相当热烈。在团队里不分上司和部下、前辈和后辈，大家都作为团队的一员大胆地提出自己的意见，抛砖引玉。到处都是聚在一起讨论的人群，有站着的，有坐着的，讨论到半路忽然有人提出"某某好像对这个问题比较熟悉吧"，然后两个讨论组就合并成了一个……大家在一起畅所欲言，让不同的思维彼此碰撞，更容易擦出灵感的火花。

集体智慧（Collective intelligence）是产生创意的秘诀。

另外，让团队成员一起思考还有一个好处，那就是接下来的展开会更有效率。

　　与上司下达命令要求部下执行相比，这种方法做出的决定是团队思考的产物，所以大家执行起来会更加主动。因为每个人都是当事人，所以大家都会产生极强的工作热情。

　　另外，在讨论的过程中，每个人的工作任务也会自然而然地被分配下去，由最合适的人选组成执行团队。比如 A 团队用几天的时间做出样品，B 团队在什么时间之前制订好销售计划……当场明确工作任务和工作期限，接下来马上就可以采取行动。这是一个既能够推动项目进程又可以加强团队建设的一举两得的方法。

有"灵感"才有新创意

或许有人觉得，将大家聚集到一起进行思考和讨论不就是头脑风暴吗？但集体智慧和头脑风暴有一个最大的区别，那就是需要实际准备几百张线索卡，通过对线索卡的排列组合来进行思考和讨论。

线索卡是创意的提示和来源。线索卡没有统一的样式，也没有固定的规则，甚至可能与讨论的主题毫无关系。但通过将这些种类繁多且毫无关联的线索卡摆在一起，绞尽脑汁地进行思考，很容易让人眼前一亮地产生出"原来如此"的灵感。

绝大多数企业的做法是，将自己公司与竞争对手的产品数据、销售额变化趋势、顾客数量、平均交易金额、网页访问量、点击率等 KPI（关键绩效指标）罗列出来，然后以数据为基础进行讨论。

但实际上，不管对销售额数字进行多么仔细的分析，都不可能提高销售额。因为能够提高销售额的不是数字，而是有特色的产品和服务。后者来自偶然的灵感，而不是严密的逻辑思考。数字和数据的作用是帮助我们了解"过去"，并不能创造"未来"。

◎ 只对竞争对手进行"分析"不可能开发出新产品

一群严肃的人带着严肃的表情，没完没了地进行严肃的讨论，想一想都觉得很压抑不是吗？比如明明讨论的是清凉饮料的新企划，但现场只有纸质资料、播放 PPT 的显示屏以及笔记本电脑，这种环境根本无法对大脑造成刺激。

如果思考的是面向便利店的饮料企划，那么桌子上应该摆着坚果、面包、饭团、快餐蔬菜、腌菜、甜点……通过对味觉和嗅觉的刺激，让大脑全速运转起来，只有这样才能够想到新的创意。还可以准备各种饮料的包装，比如塑料瓶、易拉罐、利乐包等，这样能够更进一步地拓宽视野。上述这些东西随便去一家便利店都能买到，亲自将这些东西拿在手里闻一闻、尝一尝，一边进行思考，肯定会更容易想到好的创意。

只对竞争对手的商品进行分析无法实现差异化。要想做出与众不同的商品，必须做到其他公司没做到的事情。

◎ 将乍看上去毫无关系的东西联系起来就可能创造价值

在对大家提出的创意进行筛选并决定最终方案的时候，有一点需要特别注意，那就是绝对不要将创意中的共同点总结出来。

假设在经过第一轮筛选后剩下 10 个创意。如果在这个时候进入分析模式，找出这些创意中的共同点与规律并决定出最终方案，乍看上去这种方法非常有条理性，但实际上这样决定出来的方案已经失去了创意最初的"灵性"，只剩下随处可见的平庸"共性"了。

"分析"是先将信息收集起来，然后再按照不同的意义对信息进行分类。"灵感"则是将乍看起来毫无关联的信息联系起来，从而找出之前没有被发现的价值。

因为二者很相似，所以将两个东西归纳为同一类的寻找共同点的大脑活动，与想办法将存在于两个不同地方的东西联系起来的大脑活动看起来有些相似，但实际上完全不同。创意思考需要的是后者的大脑活动，也就是不要对素材进行理论分析，只要直接对素材加以利用就好。

什么时候需要逻辑思考，什么时候应该依靠直觉

　　介绍麦肯锡工作术和演讲术的书销量都很好。但麦肯锡的管理技术最早是从提高生产效率、消除无用功的六西格玛（一种改善企业质量流程管理的技术）等工作方法之中派生出来的，也就是以面向制造商的工作方法为出发点。

　　因此，不管在美国硅谷还是日本境内，所有取得成功的科技系企业的创业者之中，没有一个人出身于麦肯锡或波士顿咨询公司（BCG）。

　　在独自创业的时候，与MBA（工商管理硕士）的知识相比，直觉和执行力更加重要。在分析和解决技术层面的问题时，逻辑思考确实能够派上用场，但在解决无法把握因果关系的问题时，只能制

作样品和不断尝试错的方法。

因此，只有在事业走上正轨，公司规模不断扩大的时候，才有必要雇用管理顾问。**经验和直觉与逻辑思考之间没有孰优孰劣，两者各自适用于不同的情况，具有不同的作用。**

谷歌在计划推出搜索引擎广告的时候就雇用了麦肯锡和波士顿咨询公司出身的人。因为根据用户喜欢看哪些网站、拥有什么兴趣、进行了哪些关键词检索等信息，为其提供最合适的目标广告，完全属于数据分析和逻辑思考的领域，这正是管理顾问最擅长的事情。

◎ YouTube 的失败

然而，当谷歌在 2006 年收购 YouTube 之后想将搜索引擎广告的经验直接照搬到 YouTube 上的时候遇到了问题。

与属于理性领域的文字检索不同，视频属于感性的领域，所以通过对数据进行分析来预测用户行动的麦肯锡方式对 YouTube 并不适用。

"什么样的视频在什么时候出现会引起用户的不快""什么样的视频更容易被用户接受"，与逻辑思考相比，经验与直觉更适合解决这些问题。

我认识一个在 Niantic（曾经是谷歌旗下的游戏公司，2015 年 8

月独立，参与制作了《精灵宝可梦 GO》）工作的年轻工程师，他说即便是精灵宝可梦的一个微小动作，都可能存在着无数个让人感到愉悦或者不快的细节，而这也是最能够体现出一个设计师才能的部分。

观看 YouTube 上视频的用户，可能是为了获取某种资讯，可能是为了追逐流行，可能是为了打发时间，可能并没有具体的目的只是随便看看。**对这种更重视感性的领域来说，直觉比逻辑更能够发挥作用。**

在 YouTube 上还有许多企业自己上传的宣传视频，而这些以提高品牌形象为目的的宣传视频绝大多数都是强调感性的类型。因此，YouTube 需要的不是擅长逻辑思考的管理顾问，而是拥有优秀直觉的设计师。

设计师在开始思考之前绝对不能参考任何数据，这样才能够不受外界的影响，完全根据自己的直觉来做出判断。

在这种情况下可以采用我之前介绍过的那种方法：将许多视频、照片、设计、样品等摆在一起，通过思维的碰撞来产生灵感的火花。根据我的经验，这是在思考创新的时候最有效的方法。

◎ 一味地模仿不可能实现差异化

不仅新产品、新服务的企划需要创新思考，产品包装的设计、新事业的创立、销售渠道的开拓、促销工具的开发、广告设计、宣传战略、活动运营，甚至公司内部交流会的组建、线下活动的企划和组织等，任何新事物在最开始的时候都需要创意。

就连公司同事之间每月一次的酒会，如果每次都是一成不变的内容也会让人感到索然无味，但只要稍微换换菜品或者换点娱乐节目，那么例行的酒会也会给人一种耳目一新的感觉。不管多么微不足道的事，只要有一个灵感的闪光，也有可能变得充满魅力。

将欧美流行的东西稍微改变一下照搬到日本就能赚钱的时代已经过去了。

随着互联网的普及，最新信息能够实时传入日本，再加上经济全球化，外国产品也能够第一时间进入日本，日本企业如果和欧美企业做同样的事就不可能实现差异化。现在日本企业必须拥有自己的特点，自主创新。

为了实现这一目标，日本企业需要更好地运用集体智慧。

与其依赖单个人的能力，不如让团队全员都积极地展开交流、提出创意。谷歌同时开展多个项目，遇到问题便马上将相关者都召集到一起，大家通过积极的讨论当场解决问题或者提出创意。这就是集体智慧的力量。

企划会议不需要总结报告

请大家想一想自己公司召开"企划会议"或"创新会议"时的场面。在会议上大家是一起热烈地探讨、畅所欲言呢，还是由参加会议的人先制作出企划书，然后在会议上逐一发言，其他人进行点评？

在向经营者或者股东汇报工作情况的时候，将重点内容总结出来，让对方能够在短时间内把握整体情况的总结报告确实有效。

但在思考创意的时候，灵感比逻辑更加重要。因此，在企划阶段不需要发表总结报告，总结报告甚至可能会影响创意思维的产生。

◎ 总结报告式的会议无法拓展思考

一般情况下，总结报告式的企划会议是首先由一个人想出创意，在会议上向大家进行说明，其他人针对创意展开讨论，最终决定这个创意是否可以实现。

乍看起来这个流程并没有什么问题，但实际上通过这一流程得出的最终成果的质量，在很大程度上都是由最初提出的企划的质量决定的。也就是说，单独一个人的智慧的产物，决定了最终成果的上限。

其他成员的思考从一开始就被限定在了最初提出的企划的框架之内，无法进行不受束缚的自由思考。在这种情况下，产生灵感火花的可能性微乎其微。

如果企划被当场否决，那么下一次提出的企划质量可能会得到大幅提高。但如果下一次企划会议要在一个月后举行该怎么办呢？在以效率决定胜负的时代，一个月的延期很有可能造成致命的影响。

◎ 需要的不是"评价"而是"成果"

由此可见，总结报告式的企划会议实际上只是对各个成员的能力以及企划进行了评价而已。但实际上企划会议的目的是什么呢？应该是取得高品质的最终成果，而不是进行评价。

只要最终能够获得优秀的创意和企划，那么不管提出这个创意和企划的人是谁都无所谓。而要想获得优秀的创意和企划，让大家一起思考，集思广益，显然比一个人单独思考要高效得多。关于这一点我在前文中也已经多次重复过了。

因此我认为，应该从根本上改变企划会议的形式。取消之前那种一个人独自思考，然后在会议上发表总结报告的做法，改成**只确定一个会议议题，然后大家当场展开讨论的形式**。或者每当有人想到好的创意时，立刻将其他相关人员叫到一起召开企划会议。用这样的方法更容易取得成果。

事实上，谷歌采用的就是这样的方法。谷歌是一家新旧交替特别快的公司，每天都会对大量的创意进行测试、筛选和应用。而谷歌之所以能够拥有如此高的工作效率，就是因为充分地利用了集体智慧。

我再重复一遍，只有在需要履行说明责任的时候才需要进行分析。经营者和创业者要说服股东和交易对象，商务人士要说服上司和客户，在这种情况下逻辑清晰的说明能力不可或缺。但上述情况和需要思考新创意的情况是完全不同的。

独自思考不如大家一起思考

在上一节中我为大家说明了集体智慧的重要性。那么，要想提高集体中每一个个体的思考能力应该采取什么方法呢？

维珍集团的创始人理查德·布兰森因为连续创业并取得成功而闻名于世，但实际上他也遭遇过许多失败。最著名的失败案例就是维珍可乐，另外，想必许多人对如今已经彻底退出日本市场的维珍CD商店还有印象吧。

布兰森是一个像孩子一样对任何事物都充满好奇心的人，而且他很擅长组建拥有强大执行能力的团队。他能够让那些拥有他所不具备的特质的人都聚集到他的身边，然后以此来吸引投资者进行投资。正是因为拥有如此出众的组织能力，他才能够连续不断地开创新事业。

这一切都源于布兰森对有趣事物的敏锐嗅觉。他非常喜欢冒险，总是在全世界到处转，而在游历世界的过程中他就会接触到许许多多的信息，从而更容易激发出将两个不相干的要素结合到一起的"灵感"。

◎ 东京是诞生创意的沃土

在我看来，居住于东京的诸位在产生灵感和创意方面享有着得天独厚的条件。我曾经去过许多国家，但我觉得没有任何一个地方比东京带给人的灵感更多。

整洁美观的街道与狭窄杂乱的小巷比邻而居，却没有任何不协调的感觉。艺术、时尚、小众文化、传统文化、金融、行政、大企业……所有的一切全都集中在一个城市。坐上电车，每一站的风景都与其他的截然不同。在世界上的其他地方，很难找出像东京这样杂乱却又不失美感地紧凑集中在一起的城市。

如果将东京的大手町比作位于美国东海岸的纽约，那么霞关就是华盛顿哥伦比亚特区，IT 企业集中的涩谷相当于美国西海岸的硅谷，青山和六本木周边则是洛杉矶。从大手町到涩谷坐地铁只需要30 分钟。这么近的距离却有如此多样的文化共存，像这样的城市在全世界除了东京大概只有纽约和伦敦了吧。

只要坐出租车或电车走上几十分钟，就可以感受到完全不同的刺激。对思考创意来说，东京绝对是非常合适的城市。秋叶原有御宅文化，原宿有可爱文化，等等，东京作为创意与灵感的宝库而备受瞩目并不是没有理由的。

我曾经因为工作的关系去过札幌和福冈，虽然那里也有许多充满干劲的初创企业，整个城市也活力十足，但没有像东京这样的多样性。东京的"混乱感"实在是很有魅力。

◎ 积极听取不同类型和立场的意见

从公司的组织层面上来说，要想增加创意的丰富性就必须要雇用多样化的人才。如果一个团队里全都是相似类型的人，那么只能想出相似的创意。以前谷歌也只雇用从少数指定学校毕业的学生，但从2013年开始，谷歌将指定大学的数量从原来的70所增加到300所。

一个成员分别拥有不同的国籍、性别、学历和出生地的组织，当然能够产生出更加丰富的创意。如果不多雇用一些从不同国家的大学毕业的学生，又怎么能够产生更具有多样性的创意呢？

要想让组织中的每个人都能够充分地发挥自己的能力，首先要打破工作年限越长地位越高的年功序列制度，其次要大胆地下放权力。

当然，如果被动地等待变化那就太浪费时间了，可以先采取一些当前能够做到的措施，比如在开会的时候将其他部门的人也邀请过来，或者向兼职员工和派遣员工征求意见，等等。

总结

☐ 与逻辑分析相比"灵感"更加重要

☐ 灵活利用线索卡，大家一起进行思考

☐ 将企划会议变成大家一起思考的会议

☐ 积极听取其他部门和其他领域的人的意见

CHAPTER 3

第三章

取得 10 倍成果的方法

以 10 倍的速度思考，就能更快地取得成果

Google

目标不是提高 10%，而是提高到 10 倍

不打破规则就不可能取得 10 倍的成果

为了走入新的阶段必须"让自己的工作消失"

成功取得 10 倍成果的人的共同点

目标不是提高 10%，而是提高到 10 倍

　　谷歌有一个理念，那就是只提供面向 1 亿以上用户的服务。因为谷歌提供的是很容易扩大用户群体的网络服务，所以只有面向庞大用户群体的服务才有意义。

　　因此，谷歌的员工时刻都在思考"如何取得现在的 10 倍的成果"。

　　就算无法现在立刻实现这一目标，谷歌的员工也会继续思考，为了在一年后或者两年后实现这一目标，现在应该做什么。

　　比如现在谷歌为整个纽约提供免费的 Wi-Fi（无线网络），但实际上谷歌的目标是取得 10 倍的成果，也就是为整个美国提供免费 Wi-Fi。

　　尽管为了适应急剧变化的市场环境，谷歌设定的目标每隔一段时间都要根据实际情况进行调整，但追求 10 倍的成果这一目标却一

直都没有改变。

　　以取得 10 倍的成果为目标，可以避免工作停滞不前、一成不变。因为要想取得 10 倍的成果，必须想出具有革命性的创意才行。而如果每年都保持同样的工作状态，那么别说维持现状了，恐怕所能取得的成果只会越来越少。

图 3-1　以取得 10 倍的成果为目标，就算没达成目标也是成功

以增加至 10 倍为目标

- 基准值
- 10 倍的成果
- 结果　达成率 70%（但仍然实现了 7 倍的成长）

以增加 10% 为目标

- 比去年增加 10% 的目标
- 结果　达成率 70%（并没有完全达成目标）

　　要想取得 10 倍的成果非常困难，在绝大多数情况下都无法达成这一目标。

　　但即便只达成了目标的 70%，与之前相比也取得了 7 倍的成果，所以事实上还是属于成功了。

也就是说，关键在于设定一个比较高的目标，然后根据这一目标展开行动。这样一来，为了实现目标就必须采用最新的技术，不断地改善工作方法。

说起日本实现飞速发展的企业，最著名的当数软银（SoftBank）。在全世界科技企业的排名中，软银的人均生产率排在第三位，甚至比微软还要高［数据来源：Expert Market（美国一家商业资源公司），2015］。

软银董事长孙正义的弟弟孙泰藏就提出了一个很远大的目标"面向未来解决世界存在的巨大问题"，并且成立了一家名为 Mistletoe 的公司，专门向那些立志于解决这一问题的初创企业提供支援。

谷歌也在每周五下午举行的全体会议"TGIF（Thank God It's Friday）"上，由董事长亲自提出类似这样的远大目标。

一般的公司在全体会议上提出的大多是"销售额达到什么数值"之类的目标，但谷歌在 TGIF 上提出的是非常抽象的目标。比如**"做这件事会给世界带来怎样的好处""这样做会不会使社会变得更好"**。

接着大家立刻就会展开热烈的讨论，每个人都积极地提出自己的观点，比如"为了实现这一目标应该做什么""应该通过怎样的项目来将其实现""应该以什么样的形式展开才好""对自己的团队来说具有怎样的意义"等，还可以当场向董事长提出问题。

　　我曾经听说过这样的情况，企业的领导突然提出一个大而不当的目标，下属在惊讶之余却对领导的目标并不买账。而在谷歌，因为董事长提出的是为了世界、为了社会、为了身边每一个人这种非常有意义的目标，所以绝对不会出现下属不买账的情况。我想这也是谷歌与普通企业最大的区别所在吧。

不打破规则就不可能取得 10 倍的成果

那么，要想取得 10 倍的成果，应该采用什么样的思考方法呢？

如果只是增加至 10 倍的工作量，那么除了把自己忙得焦头烂额之外无法取得任何成果。

要想取得 10 倍的成果，首先必须做的一件事就是**"打破束缚自己的条条框框和固有观念"**。也就是必须用不同的规则和不同的方法来进行思考。如果继续做和之前一样的事情，不管你多么努力恐怕最多只能取得 2 倍的成果。

听到我这样说，或许会有人觉得"要想取得 10 倍的成果也太难了啊"。但首先可以从"充分利用公司内外资源"的阶段开始，然后再循序渐进地前往下一个阶段，比如在"有想做的事情但没时间"

的时候找有空闲的人帮忙，或者请求其他部门的人协助。

在寻求其他人帮助的时候，人际关系与信赖感非常重要。要想进入下一个阶段，首先必须取得周围人的信赖和尊重。

另一方面，要想改变工作的方法，必须敢于承担风险、打破规则。一味地按照上司的指示进行工作无法实现任何改变。**只有敢于走出自己的舒适区才能取得更大的成果。**

也就是说，必须在考虑到一切因果关系的前提下，采取有建设性的行动。但是，对像企业这样系统化的组织来说，试图改变规则必然引发抗拒反应。极端点说，甚至必须带着有可能被解雇的觉悟采取行动才行。

或许有人会想，"何必做到这种地步呢"，但同样也有人这样想，"如果不能做到自己想做的事，那继续留在这个公司里也没什么意思"。

不管怎样，值得我们追求的肯定都是**"好的目标"**。如果真的实现了目标，取得了 10 倍的成果，那你在公司里肯定会出人头地。反之，就算没能实现目标，但你为了追求"好的目标"而付出的辛苦努力一定也会得到别人的认可。

◎ 做一个敢于打破规则的人

说起打破规则，我年轻的时候就有过这样的经历。

有一次上司交给我一项工作，我当时就对他说"换一种工作方法或许更好"。

上司一开始以为我是不想做这项工作而故意找借口，但后来我给他解释了一下，"用这种方法大家一起做会更有效率"，最终成功说服上司改变了规则。

还有一次，销售部对我说："顾客说想要这样的东西，请做一个吧。"但我觉得根本没有做这个东西的必要，于是我立刻反问道："满足顾客的需求固然重要，但顾客真的需要这个东西吗？还是应该把实际情况对顾客解释清楚才好。"

这种做法或许违背了公司的规则，但最终的结果是我说服了销售负责人，而他根据顾客的需求提出了更加合理的解决方案。当然，顾客对最后的解决方案也十分满意。

或许有人觉得我有点"不懂事"，但我之所以敢这样做，正是因为**我平时就向周围的人传递了"我性子比较直"这样一个信息**。

虽然周围的人都觉得我"不懂事"，但毕竟我是个"外国人"，所以他们拿我也没办法。

我很会利用自己外国人的身份，比如在开会的时候，如果我发现大家讨论的方向出现了偏差，我就会装作听不懂的样子说道："对不起，我刚才没听明白，你说的是不是这个意思？"这样一来，对方也会很配合地将话题转回正轨。就算不是外国人，也一样可以用装傻的方法让话题朝着自己希望的方向前进。总之，只要最后能够取得正确的成果，那么这种取巧的方法偶尔为之也不为过吧。

但在打破规则或者纠正错误的惯例时也需要注意方式方法。

如果你直接说"部长，你这是在胡说八道"，那么随后你与部长之间的关系可能会出现摩擦，但如果你装作不知道的样子问"您说的是这个意思吧"，让对方意识到自己的错误，这样就不会影响到你们今后的工作关系了。

用英语来说的话就是"Lose the battle to win the war（以退为进）"。

◎ **承担风险是为了取得成功**

另一个必须要打破的是"自己的规则"，也就是自己的固定观念、固有印象。

比如一个应届毕业生，如果他想成为一名创业者，那么就不能买《入职第一年的工作方法》之类的书来学习，而是应该拥有明确的目标如"用两年的时间在这家公司积累经验，学习基本的知识"，从一开始就把自己当成一名创业者来展开行动。在工作中要走与其他同事完全不同的路，多阅读一些面向创业者的书，多和创业者们见面，了解创业者们都是如何进行思考的，这才是成为创业者最快的方法。

坚信"我是创业者"，并以此为目标展开行动，用英语来说是 Act as if...［比如 Act as if you're rich（像有钱人一样行动），Act as if you're CEO(像 CEO 一样行动)〕。**从一开始就像目标实现了一样行动，一定能够更快地实现目标**。雅虎日本学院的部长伊藤羊一就曾经说过："如今每个人可以做出的选择越来越多，但不管你的理想和目标是大还是小，最重要的是把握住自己。"

　　虽说这种情况在谷歌很少见，但有的人在做新的事情的时候总是习惯先列举做不到的理由。

　　当然，风险是必须要考虑的。通过对风险进行分析，可以使我们搞清楚接下来能够做些什么。但有一点需要注意，**将风险列举出来进行分析的目的是取得成功，而不是给放弃寻找借口**。如果有人一个劲地列举"做不到的理由"，不妨利用其列举的这些理由进行风险分析。

　　谷歌的员工都很清楚"公司之所以给你高额的薪水，是因为你能做到别人无法做到的困难工作"。外资企业固然工资很高，但在外企工作也必须从一开始就承担困难的工作。如果做不到的话，那就没有继续留下来的意义了。

　　肯尼迪总统发表过一个非常著名的演讲《我们选择登月》（*We choose to go to the moon*）。他在演讲中提出"要在未来 10 年之内将人类送上月球并且安全返回"，而美国最初的计划只是将载人火箭送入月球轨道而已，可以说这一下子将计划的难度提高了不少。但肯尼迪也很自豪地宣称，正因为困难才有去做的价值。

说起取得 10 倍的成果，一般人肯定会认为这是不可能做到的。但只有将不可能变为可能才会实现革新与进化。这也是急速提高生产效率的唯一方法。

◎ "比去年提高 10%"这一目标的错误之处

绝大多数企业都将当前的业务成果看作 100%，然后以此为基础取得追加成果，所以才会提出"比去年增长 10%"的目标。但**这种思考方法是传统思想的延续，并没有跳出原有的框架，只是徒增工作量罢了。**

谷歌就非常支持员工自主寻找更好的工作方法。如果员工能够用平时八成或者一半的时间完成工作，那么富余出来的时间就可以用来做其他有意义的事情。

比如员工之前要用 10 小时完成工作，但通过改变工作方法现在只要 5 小时就可以完成工作，那么另外 5 小时就可以用来思考新的创意和做新的尝试。谷歌有一个叫作"20% 规则"的制度，员工可以将工作时间的 20% 用在任何自己喜欢的事情上。

这样一来，如果能够以一周或者一个月为单位来对传统的工作进行压缩，那么最终甚至可以实现工作的自动化。

谷歌提供的许多服务在名字后面都带着"β（测试版）"的标

记，其中甚至有被称为"常数 β"的永远的 β 版。因为谷歌认为，产品和服务没有完成版，随着时间的推移总会有更好的版本出现，所以要不断地对产品和服务进行改善。而一旦制作了完成版，也就意味着工作结束，接下来就要将其破坏，然后制作全新的东西。

◎ 活用"20% 规则"的方法

既然提到了"20% 规则"，那就顺便为大家介绍一下具体的使用方法。

谷歌的"20% 规则"允许员工将工作时间的 20% 用在自己感兴趣的事情上，谷歌新闻、Adsense（谷歌推出的针对发布商的一个互联网广告服务）以及谷歌地图等服务就都诞生于"20% 规则"。

在谷歌的员工看来，通过有效利用"20% 规则"的时间，可以使自己取得更多的工作成果。

接下来让我们看一个活用"20% 规则"的实例。

这是我在东京曾经共事过的团队成员，现在在位于山景城的谷歌总部工作的小川高子的真实案例。

她在人才培训部门工作的时候，利用"20% 规则"成立了一个请外国员工教日本员工英语的学习小组。这个学习小组很受欢迎，参加学习的"教师"和"学生"越来越多。如果学习小组的规模继续扩大下去的话她甚至需要将 100% 的工作时间都投入进来才行，但她还有其他工作要做，必须给其他工作留出足够的时间。

于是她对上司说出了自己的烦恼："这样下去的话学习小组恐怕要被迫解散。"而上司给她的建议是："在'20%规则'的前提下召集一些人来协助怎么样？"

虽然小川也不知道这种办法到底行不行，但她觉得"要是学习小组的成员能够自己管理的话也不错"，于是便决定尝试一下。

她首先通过公司的内部网络发了一条消息，要为东京分公司的学习小组找一位负责人。很多人都报了名，她从中选出合适的人，将东京学习小组的组织运营委托给了这个人，而自己则致力于将学习小组的范围扩大到中国和韩国。当中国和韩国的学习小组也走上正轨之后，她又在中国和韩国分别找到当地的负责人。就这样，学习小组又扩大到新加坡、印度尼西亚、澳大利亚等国。

最终这个学习小组发展成拥有180多名"教师"的大型项目。到目前为止，这个学习小组已经进行了4个学期。与安排员工在公司外部接受英语培训相比，谷歌节省了7万美元的成本。

小川也没有忘记对支持者进行回馈。她向总部提出"希望能够让所有人都拥有学习提高的机会"，于是总部出资邀请所有的学习小组负责人参加在悉尼举办的谷歌亚太地区峰会。

小川这样说道：

　　"要想让项目持续下去，就必须让所有人都有'学习提高的机会'。当有人取得优秀的成果，应该将他的成绩汇报给上级，让他的工作得到公司的认可。"

　　每一个学习小组的运营经理也都对小川十分敬佩，因为"她将许多人都聚集到一起，取得了非常多的成果"。

　　只要充分利用空闲的时间和人，就可以使工作变得更有效率。

　　另外，小川还很擅长将工作委派给他人。

图 3-2　应该自己做的工作与应该交给别人的工作

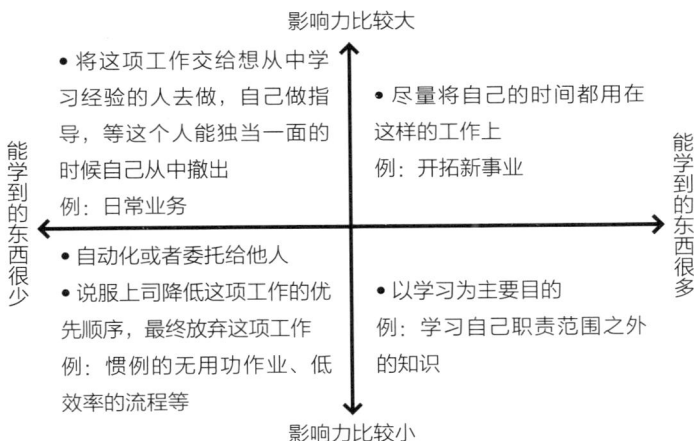

影响力比较大

● 将这项工作交给想从中学习经验的人去做，自己做指导，等这个人能独当一面的时候自己从中撤出
例：日常业务

● 尽量将自己的时间都用在这样的工作上
例：开拓新事业

能学到的东西很少 ← → 能学到的东西很多

● 自动化或者委托给他人
● 说服上司降低这项工作的优先顺序，最终放弃这项工作
例：惯例的无用功作业、低效率的流程等

● 以学习为主要目的
例：学习自己职责范围之外的知识

影响力比较小

　　图 3-2 将工作中能学到的东西与影响力进行了整理。

　　在思考工作优先顺序的时候，应该**将时间优先用在"能学到很**

多东西，而且影响力比较大”的工作上。而“影响力比较大，但能学到的东西很少”的工作因为有很多人愿意做，所以很容易安排出去。通过将这样的工作安排出去，可以将自己的时间都用在“既能学到东西又有影响力”的工作上，最有效地利用时间和人力。

即便在没有“20% 规则”的公司，也一样可以按照上述方法来对自己的工作进行安排。

为了走入新的阶段必须 "让自己的工作消失"

正如我在本书开头提到过的那样，我们追求的最终目标，应该是 "让自己的工作消失"。

我在摩根士丹利工作的时候，最常问团队成员的一句话就是 "你们为什么做这项工作"。

通过思考这个问题，我们可以搞清楚为了实现真正的目标现在最应该做什么，以及今后的目标和职业规划。因为随着人的成长，所应该做的工作也在不断地发生变化。

对管理岗位的人来说，"让自己的工作消失" 就是最大的目标。上司不在的情况下成员仍然能够努力工作并且顺利取得成果，这才是最理想的状态。也就是自动地让管理的工作消失。

但是，似乎有很多人都不舍得让自己的工作消失。因为他们认为，如果自己现在做的工作消失了，那自己岂不是就没有事情做了吗？这样的人甚至会拼命地隐瞒自己的团队以及自己业务之中存在的低效率情况。

我认为每个人都应该带着质疑的眼光去审视一下自己的工作，思考"自己的工作是不是多余的"。就算不全是，但至少有一部分是。而且肯定存在着更轻松、更高效的工作方法。也就是说必须对自己有一个清醒的认识，知道自己并不完美。

要想找出自己工作中的无用功，必须要**吸取他人的经验，寻求他人的帮助**。比如阅读有关工作方法的书籍，找其他部门或者其他公司的人了解他们都用什么样的方法工作，向成功人士学习他们的工作经验和工作方法，等等。

另外，**站在更高的高度**进行思考也是一个有效的方法。

不管团队还是个人，都很容易想当然地认为"我的工作在公司里非常重要"，但实际上并不一定真是如此。

如果能够站在更高的高度上进行思考，就可以将并不重要的工作减少甚至取消。如果之前你是站在科长的高度思考，那么今后可以试着站在部长的高度思考，或者站在整个部门的高度来思考。如果你想在公司里出人头地，那么从一开始就应该训练自己站在更高的高度上进行思考。

◎ Think like an owner

在外资企业中经常能够听到这样一句话 "Think like an owner"。意思是 "像公司的所有者一样思考"，这种思考方式和态度今后将会越来越重要。

我在工作的时候总是保持着这种 "所有者意识"。当我还只是一名普通员工的时候，我就开始思考 "如果我是管理顾问，**以我的年收入应该取得多少成果，要想取得这些成果应该做哪些工作，每项工作应该有怎样的结果**"。

从这个视角来看的话，如果自己不能够取得比薪水更多的成果那就很危险了。为了不让部长或者社长产生 "那家伙无法取得令我满意的成果，把他解雇算了" 之类的想法，自己绝对不能去做那些没有意义的工作。所以必须想尽一切办法消除无用功。

不管是自己创业也好还是在公司里做一名员工也罢，都必须有 "领多少薪水就必须取得相应成果" 的意识。

认为 "现在的工作能够一直干下去" 是完全错误的。首先建立一个 "自己的工作不能继续下去" 的前提，然后进一步思考如果现在的工作没有了自己应该怎么办，这样一定能够得到完全不一样的结果。

要想取得 10 倍的成果，自己给自己设定目标和保持工作热情都非常重要。

软银在对自己的员工进行问卷调查后发现，那些**给自己设定了工作目标的员工普遍比没有设定目标的员工工作效率更高**，现在软银正在通过研修培养员工设定目标的能力。谷歌也通过名为"探索内在的自己（Search Inside Yourself）"的研修来提高员工审视自身和设立个人目标的能力。

登山家栗城史多希望通过直播自己的登山过程，让看直播的人都能够享受到挑战大自然的乐趣，他曾经成功登上了许多高峰，接下来要挑战的是单人无氧登上珠穆朗玛峰（注：2018 年栗城史多挑战珠峰时不幸身亡，本书成书时间早于栗城史多发生事故之时）。为了实现这一目标他找了很多赞助商，还搞了众筹。

正因为他拥有自己的目标和热情，他才能够实现梦想，并且得到很多人的帮助。

成功取得 10 倍成果的人的共同点

在本章的最后我将为大家介绍那些成功取得 10 倍成果的人都有哪些共同点。这也是谷歌希望新员工具备的基本素质。

1. 拥有预见性

只有拥有预见性才能够快人一步，并且做到以下三点。

- **预见机会与威胁**

能够认清工作中可能存在机会与威胁的领域，分析出机会与威胁具有怎样的可能性，以及一旦机会和威胁出现会给股东带来怎样的影响。能够站在公司、部门、团队以及个人的立场上对机会和威胁进行思考。

- **寻找周期、趋势以及规律**

找出市场以及销售中的周期、趋势以及规律（交流风格、办公室布局等）并加以利用，区分哪些是不断变化的，哪些是具有一定规律的。

- **短期、中期与长期思考**

利用"5/5/5 规则"，对从现在开始 5 周以后、5 个月以后、5 年以后将会发生什么事情进行思考。现在普遍思考的都是一年计划和三年计划，但应该将目光放得更长远一些。

另外，还要思考为了应对风险和机会，现在应该做些什么。

2. 换位思考

不能只站在自己的立场上分析对方，还要站在对方甚至第三者的立场上来对自己进行分析。

要想和对方产生共鸣，首先应该增加自己与对方一起相处的时间，了解对方的需求和理想并给予支持。

3. 敢于提出自己的见解

任何时候都有人需要别人的意见和建议。

为了能够及时地给他人提供准确的意见和建议，不管是在工作中还是在工作之外，只要遇到自己认为重要的内容就应该立刻对其进行分析，提出自己的见解。时刻积极地收集信息，加强自己的洞察能力。

另外，扩大自己的安全领域也很重要。具体来说，就是站在比自己的专业领域更高一级的位置上进行思考。

最终向他人传达自己见解的时候一定要拥有自信。不过，遇到自己真不知道的内容必须坦白地承认，这样反而能够加深别人对你的信赖程度。

4. 敢说真话

有时候，敢于说出别人不敢说的话非常重要，这需要拥有敏锐的洞察力和胆量。比如，科长坚持采用效率低下的工作流程，但没有人敢指出科长的错误。在这种时候应该鼓起勇气将大家的想法说出来。

在谷歌的 TGIF 会议上，员工可以向董事长与总经理提出任何问题（有些工程师提出的问题确实非常尖锐）。通过这样的交流，不管是工作还是公司的运转都会变得更加顺畅。不只在全体会议上，即便在日常工作中谷歌的所有员工也都敢说真话。

承认错误同样需要勇气，特别是对领导而言，敢于承认自己的错误，并且将其传达给部下也是非常重要的工作。

5. 主动承担责任

没有人负责的问题很容易被置之不理，在这种时候应该主动承担责任、处理问题。比如文件柜里的文件已经多到放不下，大家虽然嘴上抱怨影响工作却没有一个人主动去整理文件柜。在这种时候应该主动承担责任去整理文件柜。

自己主动承担责任，也会使工作变得更有意义。既然在现场，那就应该主动解决现场存在的问题，做出自己的贡献。

6. 积极参与交流

多参与交流是成功的根本。不管是打电话还是闲聊，只要积极参与进去，就能够发现机会，得到他人的支持。

7. 倾听自己内心的声音

准确的洞察来自事实和直觉，有时候直觉甚至更加准确。所以我们必须仔细倾听身体传达给我们的细微信号。另外，大脑的状态会对洞察力造成很大的影响，所以让身体和情绪放松十分重要。

8. 打破常规

爱因斯坦曾经说过："愚蠢的人总是重复同样的行为，却期待会出现不同的结果。"要想取得不同的结果，就必须打破规则、采取不同的行动。比如采取和之前完全相反的做法，或者将两个乍看起来毫无关联的东西结合起来。

9. 不害怕失败

谁都可能会失败。只有承认失败，并从失败中吸取教训才能够最终取得成功。所以绝对不要害怕失败。要敢于挑战自己不擅长的事情，通过失败来总结经验，这也是很好的锻炼自己的方法。

10. 勤于思考、保持怀疑

要想获得新的创意，必须时刻保持好奇心对新事物进行探索。

绝对不能对最初的答案坚信不疑。

要想找到隐藏在表面之下的真相，就必须带着"为什么是这样"的怀疑去进行探索，并且尝试进行"如果这样的话是否可以……"之类的思考实验。

很多人在遇到不知道应该如何解决的事情时都会选择回避，但实际上这也是诞生新灵感和新创意的绝佳机会，所以应该大胆地进行尝试。

11. 改变视角

有时候改变一下视角，可能会使交流更进一步，或者发现之前没有发现的整体情况。大家可以尝试用以下几个视角进行思考。

- 整体视角
- 局部视角
- 反面视角
- 未来视角
- 顾客视角
- 竞争对手视角
- 特殊视角（一般情况下、更深层次的情况下、反常的情况下）

总结	☐ 思考如何取得 10 倍的成果
	☐ 为了取得 10 倍的成果必须要打破规则
	☐ 为了进入下一个阶段，必须"让自己的工作消失"
	☐ 像公司的所有者那样思考

CHAPTER 4

第四章

创建提高工作效率的
人际关系的方法

能够让每个人都发挥出全部实力的"心理安全"究竟是什么

Google

用"实物"说话

消除交流无用功的方法

为什么在我的办公桌上会出现"彼得神社"

提高工作效率的不是流程而是"人"

与关键人物建立联系

用"实物"说话

交流既需要成本，也能够创造价值。

正如我在第一章中为大家介绍过的那样，无效的交流无法创造任何价值，而高效的交流则可能帮助我们取得巨大的成果。

在本章中，我将为大家介绍如何进行高效的交流以及创建能够提高工作效率的人际关系的方法。

首先要从解决交流的成本开始。

在第一章中我为大家介绍了使用日历应用程序来管理日程和进行调整，由参加会议的所有人一起当场制作会议记录，以及不使用邮件而通过实物当面进行交流等提高工作效率的方法。

像这种通过实物来进行交流的方法被称为"实物思考"。

与对程序员说"我想在这里增加一个这样的功能……"相比，将拥有这个功能的程序实际运行起来给对方看更加便于理解。

因为在没有看到实物的时候，人类的大脑很难产生具体的想象，可能程序员制作出来的程序和你要求的完全不同。所以最好事先做一个简单的实物（样品）给对方看看。

这样可以避免双方出现认识的偏差，减少返工的情况，使工作能够顺利进行。

这种方法也同样适用于其他工作。

比如上司给你安排一项任务，在同上司确认过任务细节之后，应该迅速地在纸上画一个草图向上司询问"是这种类型的吗"。上司或者点头同意"没错，就是这种类型"，或者指出问题"这个地方不太对"，然后告诉你正确的内容。**这样你可以把握任务的准确内容，在工作中不会做无用功，更不会因为做错而被迫返工，结果当然是提高了工作的效率。**

与我共同成立 Motify 软件公司的古斯塔博·多利是一位毕业于庆应义塾大学媒体设计研究院的设计师，我和他开会的时候，他总是会将讨论的内容在纸上画出来问我"是这样的吗"。这样一来，等讨论结束之后我们基本就有了大致的概念。

当然，将讨论内容做成幻灯片投影出来与大家共享也是不错的主意。这样可以使下一次的成果与大家期待中的结果更加接近。

曾经有一个合作公司的人对我说"想开会讨论一下关于项目的事情"，我问他"具体要讨论什么内容"，结果对方只是非常含糊地回答"就是关于项目的事"。我又追问"是关于今后的项目进展情况吗"，对方说"这个问题还是在全体会议上讨论比较好"。说句不好听的话，这样的会议完全是在浪费双方的时间。

在找别人讨论之前将想要讨论的内容总结在一张 A4 纸上，然后让对方根据其中的内容提出意见，这样可以更快地进入下一个阶段。

哪怕只是简单地将"①有什么原因，②到什么时候为止，③想要做什么"等内容总结出来也可以，有实物和没实物会使后续的工作产生截然不同的结果。所以大家在工作中也请时刻牢记用"实物"说话。

消除交流无用功的方法

◎ **上司也是成本！**

因为上司的问题工作无法顺利进行的情况时有发生。

英语中有一句话叫作 Manage your Manager（管理你的上司），意思是要善于"使用"自己的上司。

当你发现上司存在不足之处的时候，要如何让上司自己意识到这一点呢？要是上司自己没有意识到的话，你可能需要用行动来做出提醒。如果你想让自己的工作进展顺利，就必须拥有这样的视角。

比如你的上司是一个从来不提前做会议准备的人，那么你就可以在会议之前对上司说"我来做这次的会议准备，如果有临时追加的内容请提前告诉我一下"。这样的情况重复几次之后，或许你的上司也会意识到自己应该做的事情。

◎ 与部下的交流每周一次就够了

"我每天的工作都非常忙，没时间对部下进行指导。"

"部下总来找我商量工作上的问题，导致我自己的工作毫无进展。"

我经常听到别人这样对我抱怨。

在谷歌，每一个管理岗位上的人都很忙，但他们仍然能够在完成本职工作的同时将团队管理得井井有条。接下来我将为大家介绍一些我采用过的方法。

一般来说，对于团队中的**每位成员我都会每周专门拿出一小时来与他进行交流**。虽然时间很短，但只要交流顺畅也一样能够解决很多问题。

除了对正在进行的工作进行讨论之外，还可以给对方提一些工作上的建议，比如部下要制作提交给顾客的资料，那么就让他先做一个样品带来，进行具体的指导。另外，在这一小时之中还可以帮助部下解决人际关系上的问题，聊一聊未来的职业发展，等等。

　　如果没有什么具体的内容需要交流也可以适当地缩短时间或者干脆取消，但要遵循对方的意见。我一般不会主动提出缩短时间或者取消的要求，当自己实在是忙不过来的时候会跟对方说改一个时间。

　　只要每周都拿出时间来与部下进行交流，绝大多数的问题都能够及时地得到解决，从而减少出现突发性问题的概率，节省大量的时间。

　　在每周的例行交流中还可以掌握部下的工作进度。

　　让部下事先做好工作计划，比如"本周要做这些工作""下周要做这些工作"。如果部下没有完成工作计划，那就可以询问他"为什么没有完成""出现了什么问题吗"。

　　另外，还可以主动给出一些建议，比如"如果你能够在下次的团队会议上像这样发表报告，大家一定会很高兴的"或者"A 先生好像有事想和你说，你去问问他吧"。

　　一旦你和部下建立起信赖关系，那么团队中的任何人都愿意向你袒露心扉，这样一来，**你不但可以让团队成员相处得更加融洽，还可以帮助部下在团队会议上发挥得更好。**

　　如果你的上司不进行这种一对一的交流，那你可以自己主动提出交流的请求。比如对上司说"科长工作经验比我丰富，可以每周占用您一小时的时间，向您请教一些工作方法和解决一些工作上的问题吗"，或者"我制作了一份会议资料，想和您讨论一下包括项目的'报告、联络、商谈'等在内的工作上的事情"。

　　这样一来，你的上司一定会拿出时间来和你交流的。

◎ 让自己平易近人

　　因为这种交流最大的目的是构筑信赖关系，所以一定要让自己显得平易近人。

　　比如每两周拿出一个半小时，约小川在酒吧里思考创意。因为迈克尔每次都会做好自己的会议计划，所以和他交流的时候要非常认真才行。约长谷川一起去吃午餐，顺便谈一谈他的烦心事。只要创建一个让对方感觉舒服的环境，这样交流起来就会更加顺畅，部下也会觉得你平易近人。

　　"上司专门留出时间与我交流"和"上司占用我的时间进行交流"，你愿意让部下产生哪种想法呢？而由于部下想法的不同，一对一交流的意义也截然不同。

　　我向部下传达的信息是"一对一交流是完全属于你的时间。你应该思考在这段时间里要如何使用我"。

　　所以部下在与我进行交流的时候能够毫无顾忌，有时会和我谈将来的打算，甚至关于个人的一些问题。这样做的结果就是当部下遇到家人生病或者家庭变故等问题的时候，我能够事先有所觉察，及时地对其进行帮助。

通过这种方式与我构筑起信赖关系的部下，直到现在还有几个人和我保持着联系，他们在思考职业规划或者计划创业的时候我给他们提供了一些建议，后来我们都独自创业，相互之间都帮了不少忙。

◎ **告诉部下"上司的使用方法"**

我建立了一个名为"How to use me"的文件放在共享文件夹里。在这个文件里我列举了"彼得的使用方法"。

- 自己能解决的事情请自己解决。
- 不要只带着问题来找我，同时还要带来解决办法。
- 遇到无法解决的问题，请告诉我你需要什么（比如需要建议、决定，还是需要我出面动用权限）。

除了上述内容之外，还有一些其他的建议。

通过将"彼得的使用方法"文件化，可以让部下更好地与我进行交流，提高双方的交流效率。

为什么在我的办公桌上会出现"彼得神社"

谷歌曾经进行过一项研究，发现如果能够提升职场中的**"心理安全"**，那么团队中的每个成员就会有更好的表现。

所谓"心理安全"，就是在面对"Can I trust you（我能信赖你吗）"以及"Can I respect you（我能尊重你吗）"这两个问题时都能够给出肯定的回答。人一旦对某人产生信赖和尊重的感觉，就会与对方加深联系。

而得到他人的信赖和尊重，也会使自己产生安心感。

如果一个人认为他人关心自己，关注自己的一举一动，那么他就会对这个人产生信赖。

认真地倾听你说的话；能够发现你的优点；不只关注你的工作成果，更看重你这个人本身；认可你的努力付出。如果在团队中有这样理解自己的人，或者自己的上司刚好是这样的人，那么你一定会感到充满干劲并能取得更好的成果。

另外，一旦构筑起信赖关系，交流双方就会像朋友一样，更容易相互提出意见和建议，工作现场的气氛也会更加活跃。

◎ 通过团队活动提高职场的"心理安全"

谷歌通过"团队活动"来构筑职场中的信赖关系。

团队活动一般是拥有相同兴趣的人聚在一起，所以相互之间交流起来更加容易，有什么问题的话很容易问出口。比如有事情向经理请教，如果经理也来参加团队活动的话就可以当场向其请教。

谷歌东京分公司最受欢迎的团队活动是舞蹈俱乐部的活动，组织者是一位纽约的专业舞蹈家，拥有非常高的舞蹈水平。

在面向客户举办的大型活动中，这些兴趣团队有时候也会参与演出。看到舞蹈团队的表演之后，很多客户不由得惊叹道："这些舞蹈演员真的是员工吗？"我觉得这无形中也相当于替谷歌的企业文化做了很好的宣传吧。Recruit（一家提供人力资源服务的公司，总部位于日本）的常务董事北村吉弘也在公司内部喊出"Stay young（保持年轻的心态）"的口号，致力于加强公司内部团队活动的组织与开展。

◎ 因为信赖所以能恶作剧

在谷歌的职场中，大家经常会搞一些没有恶意的恶作剧。

因为我非常喜欢日本文化，所以我在谷歌日本分公司工作的时候邀请同事"一起去新年参拜吧"。但大家的回答是"好不容易新年放假，当然要在家休息休息了""要去的话你自己去不就行了吗"，没有一个人肯和我一起去。我当时感到有些生气，就自己一个人去新年参拜了。等假期结束回到办公室的时候，我被眼前的景象吓了一跳！因为在我的办公桌上出现了一个名为"彼得神社"的神社模型。原来是大家觉得我身在异乡似乎太寂寞了，特意为我做了这样一个神社，了解到大家的心意之后我感到非常高兴。

只有在与对方关系很好、相互信赖的情况下才能搞恶作剧。这意味着双方除了工作上的关系之外，私交也不错。

前文中介绍过的小川高子就曾经偷偷将同事通讯录里自己的名字改成"上帝"，这样在接到她打来的电话时同事的手机就会显示"上帝来电"。她还将同事的笔记本电脑换成一个大小和形状都十分相似的笔记本。最夸张的一次是我让她做一个"写着团队口号的横幅"，结果下周上班的时候她带来一个用瓦楞纸制作的巨大火箭，上面写着团队口号。

这种恰到好处的恶作剧可以使团队的气氛变得更加融洽，提高职场中的心理安全。

图 4-1　没有恶意的恶作剧也是交流的方法之一

Happy new year-your desk is now a shrine（新年快乐 - 你的桌子现在是神社）

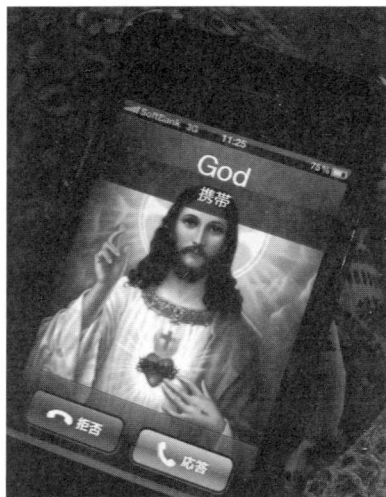

上帝（God）打来的电话?!

除此之外，谷歌不但鼓励员工多使用在线聊天软件进行交流，还经常举办内部交流会和学习会，更为员工准备了咖啡厅和休息区等可以随时随地坐下来进行交流的场所。

当人感觉到"自己受到了尊重""别人都很重视我"的时候，就会将自己的内心从防备中解放出来。

如果一个人觉得"这个人为我提供了许多帮助""他很为我着想"，那么他就会自然而然地尊重对方。这种尊重的心情也会传达给对方，从而使对方产生出"别人很重视我"的感觉。

这样一来，双方就会相互尊重、相互重视，如果将这种状态推广到整个团队，那么整个团队的表现都将得到提高。

◎ 如何创建心理安全程度较高的环境

成员之间越是互相尊重、互相信赖，拥有越高"心理安全"程度的职场，团队成员之间的交流就越顺畅。因为成员之间不必费力去揣测对方的心思，也不容易产生误解，所以极大地降低了交流的成本。

如果团队成员在互不信任的状态下开始交流，那么光是解除双方的心理防备就需要花上很多的时间和精力，这无异于提高了整个团队取得成果的难度。

要想创建一个拥有较高心理安全程度的职场，上司的态度十分重要。身为团队的领导者不能只是单方面地发号施令，还要多听取部下的意见。部下出现失败的时候不能一味地训斥，而应该与部下一起思考究竟是什么地方出现了问题，应该怎样解决问题，有没有更好的办法。

在心理安全程度较高的职场之中，成员之间的人际关系更加平稳，双向的交流也更加活跃。所以**上司必须赢得部下的尊重与信赖**，否则就算上司制订了工作计划，部下也不会按照计划开展工作。这样的上司是失职的。

接下来我将为大家介绍一些提高心理安全的技巧。

◎ **创建"反馈渠道"**

要想提高整个公司的信赖度，最好的办法是创建一个能够将各个成员的意见反馈出来的"反馈渠道"。

谷歌作为一个交流顺畅的公司，就拥有一个非常完善的反馈渠道。

最著名的反馈渠道之一就是在本书中屡次提到过的 TGIF。

谷歌每周五下午都会举行全体大会，首先是董事长和管理层依次讲话，然后参加者举手提问。在各个会场还准备有酒和食物，方便员工进行交流。位于世界各地的谷歌分公司都可以通过视频与主会场相连，所以就算在东京分公司也一样可以举手向董事长提问，并且当场得到董事长的回答。

偶尔也会有人提出十分尖锐的问题，比如"我觉得董事长的意见是错误的，我认为应该是这样……"，对于这样的问题董事长也会很认真地进行回答。当然，会议结束之后上司也不会责备提问的人说"你这家伙怎么在 TGIF 上提出那么没礼貌的问题"。

另外，还有人专门将 TGIF 的照片上传到服务器并且附上自己的点评。这些点评有赞同的也有讽刺的，光是阅读这些评论都会让人感觉很有意思。

谷歌还有匿名提问的制度。

员工可以在一个类似于论坛的系统里匿名提出自己的问题，其他人可以对这些问题进行投票，选出最希望得到回答的问题。然后公司的管理层会专门召开一次会议，从得票数最多的问题开始进行回答。这种方法还可以提高员工参加会议的积极性。

只要创建出"反馈渠道"，保持良好的交流环境，那么员工就能够相互信赖，将精力都集中在工作之上。

◎ **绝对不能完全否定对方的意见**

要想建立信赖关系，让对方袒露心声，最重要的一点就是倾听。

在两个人进行对话的时候，如果你没有面向对方，会让对方感觉你并没有认真地听他说话。所以应该和对方面对面，看着对方的

眼睛，集中全部精神听对方说话。当然，也不要把自己搞得如临大
敌一样，给对方增加负担。最好的办法是让自己对对方产生兴趣，
如果你想多了解一些关于对方的事情，那么自然就会愿意倾听对方
说的话。只要你将这种态度传达给对方，对方也能够放松下来和你
进行交流。

如果双方能够互相倾听，那么就不会出现只顾着强调自己的情
况，从而可以更顺利地交换意见。

另外，好不容易让对方说出自己的意见，绝对不能将对方的意
见完全否定。"完全错误""那种事根本做不到"，说出这样的话
只会让双方产生隔阂，让对方觉得"我说了也没用""他根本不想
听我的意见"，再也不愿意对你提出自己的意见。这样的状态又谈
何"心理安全"呢？

哈佛大学的艾米·埃德蒙顿教授指出，**不要将问题单纯地看成
"需要解决的问题"，而是要将其当作"需要学习的问题"来进行
讨论，这样不清楚的部分就会自然而然地浮现，也更容易让团队成
员都积极地进行思考。**我觉得这种做法对于开拓团队成员的视野也
非常重要。

◎ 日本企业原本就有的做法

谷歌为员工提供免费的午餐还有其他各种福利，或许在其他的

公司看来，谷歌的这种做法有些不可思议。

但实际上，这是营造一个交流顺畅的职场环境和吸引优秀人才的必要手段。

并非只有谷歌这样做，**日本企业从很早以前就有与之类似的企业文化**。比如公司组织召开运动会、酒会甚至集训，通过这些交流活动来构筑人际关系。

我个人认为日本企业最有趣的一点是，最重要的事情基本都是在下班之后的酒会上决定的。但现在因为考虑到效率、公平以及成本等问题，下班之后的酒会和聚会等活动都被取消了。结果这样反而导致无法顺利地做出决定。

这一举措的初衷是希望上司能够在工作时间与员工进行关于职业发展和成长之类的交流，但对已经习惯通过"酒会交流"来疏通上司与部下之间关系的日本企业来说，取消酒会之后，上司和部下之间反而产生了一种微妙的距离感。这个结果实在是太令人遗憾了。

我不是说日本企业不好或者跟不上时代。

不管是谷歌、苹果还是亚马逊，企业文化、工作方法以及发展目标都截然不同。我觉得日本企业也应该重新思考一下自己的方法。酒会交流和员工运动会或许不是唯一的办法，但只要能够增加团队凝聚力，那就不应该取消。

我曾经拜访过许多公司，发现很多公司都有吸引人的地方，但他们自己完全没有意识到，一点也不自信。这也很令人遗憾。

提高工作效率的不是流程而是"人"

接下来我想为大家介绍一些交流的高级技巧。

我们提高工作效率的目的是什么呢？毫无疑问，是更快地取得成果。

而要想更快地取得成果，最重要的因素其实是**"人际关系"**。

因为你在公司里独自一人无法解决的问题，或许与其他部门的人或者公司外部的人商量一下就能够解决，甚至他们还会给你带来更多的工作机会。

爱因斯坦曾经说过"你无法在问题发生的领域解决问题"。

也就是说，如果你一直身处公司之中，那么就只能看到公司内部的情况，只有跳出公司这个框架，与更多的人接触，才能够找到解决问题的灵感和机会。从长远的角度来看，这对个人的成长和提高工作效率与品质都很有帮助。

我很喜欢与人交流，所以我有很多朋友。但是如果总是和同样的朋友进行同样的对话，那么这样的交流带给我的灵感就会越来越少。

曾经有一位国外的朋友来东京，我和他一起去观看了一场创意大赛（发表自己创业计划的比赛）。尽管创业者们提出了许多令人眼前一亮的创意，但我的这位朋友却显得十分无聊，因为他对新事物毫无兴趣。这场创意大赛可以说给我提供了许多灵感，但我的这位朋友只是坐在那里丝毫不为所动。大概他在工作中也是这种状态，没有任何热情吧。

毕竟我们好几年都没见过面，我也理解他想找我叙叙旧的心情。**但如果他只想和我聊与10年前一样的话题，那我宁愿和其他人交流。**我还认识了很多比他更有趣的人，比他更重要的人。极端点说，我觉得和他这样的朋友见面完全是在浪费我的时间。因为我自己在不断变化，我身边的人也在不断变化。

自从我从谷歌辞职独立创业之后，我的人脉一下子拓宽了许多。我每周都会结识新的人，这些人又会给我带来新的灵感。我经常想"如果将这个人和那个人联系起来究竟会发生什么呢"，然后我就会想办法安排大家见面。

将两个人的创意和想法结合起来，很有可能诞生崭新的创意。将这个人与另一个人联系起来，很有可能发生很有趣的事。将自己的知识和经验拿到另一个完全不同的领域之中，一定能够引发有趣的结果。

只要遵从自己的直觉，不断地探寻你感觉有趣的组合，那么你的水平就会在不知不觉间得到提高。

像不小心闯入仙境的爱丽丝那样，**在好奇心的驱使下不断地追求自己感兴趣的东西，这将成为你职场中的通行证**。随着你邂逅更高水平的人，你的知识水平、经验以及应对各种事态的能力都能够上升一个级别，这也是最理想的状态。

取得成功的人有一个共同点，那就是他们都拥有孩子一样的好奇心，对许多领域都非常关注。他们对任何事情都很感兴趣，在做好本职工作的同时还写书、搞音乐、有各种各样的爱好。与这样的人在一起，可以帮助你开阔眼界，拓宽人脉。而这些人脉将给你的工作带来很大的帮助。

比如我在谷歌时的同事尾原和启，他曾经出版过《IT 商业的原理》和《平台》（*The Plaform*，NHK 出版）等畅销书，在我独立创业之后他将 NewsPicks（一家为商业人士提供经济新闻服务的媒体）的主编佐佐木纪彦介绍给了我，促成了我和 NewsPicks 之间的合作。另外他还将纪录片 Happy 的制作人清水荣治也介绍给了我，我们一起合作了新的项目。

◎ **你的人际圈将改变你的人生**

与什么样的人交往，不管在工作上还是生活上都拥有非常重要的意义。

总是一个模样、和过去相比完全没有任何变化的人，几年见一次面就足够了。

经常有年轻人找我交流，希望我能够给他们一些指导。我这个人比较热情，别人有求于我的话我都会尽力协助。但是，我帮助过一次的人如果到下次见面的时候没有任何成长，那我就会告诉他"这次我们还是别见了吧，半年后你要是取得了成果再来找我"。因为年轻人需要学的东西很多，所以我一般以半年一次的频率对他们进行指导。

另外，我也热衷于结识新朋友，我经常参加交流会，与陌生人主动地打招呼。在酒吧和餐厅里也会主动和坐在旁边的人聊天。只要我自己表现出一种热情的态度，那么对方也会解除防备。

在我通过这样的方法结识的新朋友之中，有一些人散发出非常强烈的能量。不管什么话题由他们说出来都会变得很有趣，并且总是能够给你提供新的灵感和见解。他们大脑思考的速度非常快，创意一个接着一个，绝对不会让你感到厌倦。他们的话语看似很随意，但实际上掷地有声，你不知不觉间就被吸引。与这样的人在一起，自己也会受其影响不断地成长。

或许有人认为，像这样了不起的人身边肯定都是和他一样了不起的人，我根本融不进他们的圈子。但**实际上哪怕只有一点点交集，也足以让你和对方产生联系。**

比如我在一次交流会上见到了索尼的法律顾问，我就约他改天一起喝茶。因为他从事的是与 AI 相关的收购工作，所以再次见面的时候我就和他提起我当时正在搞的创业项目，结果他对我说"那我正好给你介绍个人"，于是他当场给一位在日本创业圈里很著名的人发了封邮件，将我引荐给了那个人。后来我们三个人在一起聊天，对方又说"你最好和这个人见一下面"，于是又将一位成功的创业者叫了过来。

像这样多结识一些成功人士，构筑起自己的人际关系网络，不仅可以使自己的人生变得更加丰富，对工作的发展也颇有好处。

◎ 见到关键人物的时候应该说什么

结识关键人物不但可以让自己得到飞跃性的成长，还能让工作也更上一层楼。如果有机会的话，绝对不要错过结识关键人物的机会。

　　但是，很多人在面对关键人物的时候总会畏首畏尾，无法很好地表现自己。因为对方很著名或者很有钱而不敢贸然上前，结果一句话也没说就退缩了。这样是把握不住机会的。

　　我即便面对初次见面的人也一样能够正常地交流，绝不会因为对方的身份和地位而畏缩。我之所以没有心理上的恐惧，是因为我知道对方和我一样都是普通的人。尊敬对方和畏惧对方不是一个概念。而且**只有你表现出热情、平等的态度，对方才能心情舒畅地和你交流**。

　　或许还有人觉得关键人物都很忙碌，不敢浪费对方的时间。虽然关键人物确实很忙碌，但对方之所以答应和你见面，是因为信任介绍人。也就是说，因为有介绍人的介绍，所以对方觉得有和你见面的价值。明确了这一点，就不必再有"与自己见面是浪费对方时间"之类的顾虑了。

　　所以在见面的时候，关于自我介绍之类的前置能省就省，最好**开门见山直奔主题**。一定要记住，如果你不能把握住这次机会引起对方的兴趣或者给对方提供其想要的价值，那就没有下次见面的机会了。

我最常用的方法是，先**设想"对方的课题"，然后根据课题内容提问**。以前我还是一名小职员的时候，得到了一次与管理着 800 多名员工的部长见面的机会。这位部长位高权重，主要工作是思考整个部门的战略方向。

当时我提出的问题是"虽然时间不多，但我想知道您的战略计划是什么"。对方一开始露出很惊讶的表情说道"我的部下还从没有人提出过这样的问题"，但接着他就对我讲解了当时的战略计划。后来公司高层召开会议的时候这位部长还特意叫我也参加。在会议开头这位部长说："彼得向我提出了这样一个问题，今天就讨论一下吧。"

在与关键人物和身居高位的人对话时，不能只看表面的问题，而应该思考对方现在拥有哪些课题、关心哪些事情、对什么内容感兴趣，然后有针对性地提问。要想做到这一点，必须事先对对方做一定程度的调查。只要你能够提出这样的问题，就会让对方感觉"这个人懂得不少嘛"。

反之，如果你事先不做调查，只能提出一些无关痛痒的问题，那么只会让对方感到索然无味。最终的结果就是浪费双方的时间。

◎ 发现最有能力的人

在公司之中，与位高权重的人构筑起关系也同样重要。

比如你在外资企业中工作，总部的高管有时会来视察并进行演讲。在这个时候，你应该把握住机会提出有建设性的问题或者在会议结束之后主动上前与之攀谈，在得到对方的回应之后礼貌地道谢并做简单的自我介绍。随后别忘了通过邮件或即时通信软件加深对方对自己的印象。这样的关系不但对你自己有帮助，也会给你周围的人带来好处，所以应该积极地与位高权重的人构筑关系。

"发现谁是现场最有能力的人"对尽快取得成果来说是必不可少的能力。

我在谷歌时的同事小川就拥有这种能力，她总是能够以最快的速度与最有能力的人构筑起关系。如今她在谷歌总部仍然凭借着这些关系保持着极高的工作效率。

◎ 改变人际关系的优先顺序

我曾先后在摩根士丹利和谷歌工作，后来又独立创业，可以说在不断地提高自己的工作水平。

我之所以能够做到这一点，是因为**我在不断改变自己为人处事的优先顺序**。

以人际关系为例。对我来说，与"熟识的人"相比"新认识的人"**优先度更高，与"新认识但变化不多的人"相比"新认识并且不断改变自己的人"优先度更高**。

图 4-2　人际关系的优先顺序

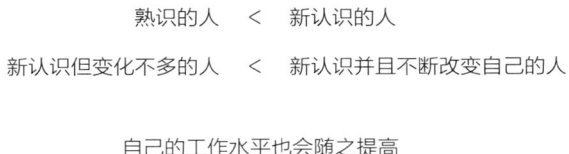

熟识的人　＜　新认识的人

新认识但变化不多的人　＜　新认识并且不断改变自己的人

自己的工作水平也会随之提高

只有在人际交往中也打破"常规"，才能够在竞争中获胜。

比如我现在从事的是与人事相关的管理顾问工作，普遍的做法是在交流会上与企业的人事负责人交换名片，接着约一个谈工作的时间。然而，我的其他竞争对手也在做同样的事。

所以如果有机会与位高权重的人或者从事更高水平工作的人见面的话，那我会抓住这个机会。比如我原定周六下午去参加同行之间的交流会，但如果有人对我说周六可以去美国见一位著名的创业者，那我就算自己买飞机票也会选择后者。

因为选择后者或许能够给我带来前所未有的机会，如果最终我成功地把握住了这个机会，那么我的工作水平将会得到飞跃性的提高，在工作上我会**取得巨大的成果**。

与关键人物建立联系

在本章的最后，我将为大家介绍顺利与关键人物建立起联系的方法。

积极地在公司之外拓展人脉是个很好的习惯。但只是在参加交流会或学习会的时候与别人交换名片是无法拓展人脉的。

在拿到名片之后应该及时地给对方发送信息。**根据我的经验，在交换名片之后会立刻给对方发送信息或者邮件的人只有 1%**。但如果给所有人都发信息，那么发信息本身就成了目的，要想获得好的人脉资源，首先应该决定优先顺序。

◎ 不要 "take" 而是 "give"

在拿到名片之后应该利用名片管理软件将名片内容都扫描进手机里面，将信息数据化。我使用的应用程序是 CamCard（名片全能王，一款名片识别软件）和 Evernote（印象笔记，一款笔记软件）。这两个应用程序除了能够将名片和收银条扫描成 PDF 文件进行保存之外，还可以将联络人制作成数据库。

接下来找出与你最近听过的消息或者见过的人有关系的人，给对方发信息或者邮件。不要只发礼貌性的问候邮件，这样的邮件无法给对方留下深刻的印象，所以必须给对方提供一些有用的信息。

比如提到一个与对方有关系的人**"您知道某某先生吗？如果有兴趣的话我可以帮您介绍"**，或者贴一个有关行业内最新消息的链接**"我看到一篇这样的报道，您听说了吗"**。主动提供对方感兴趣的信息，可以给对方留下深刻的印象。

既然好不容易得到了见面的机会，那就尽量给对方提供一些有用的东西。当你为对方着想而采取行动时，就会自然而然地对对方产生尊重之情。而尊重是相互的，你尊重他人，他人也会尊重你。通过这样的行为加深人际关系，到了关键时刻一定能够派上用场。

也就是说，首先要竭尽全力给对方留下印象。因为你需要对方，但对方不一定需要你。所以要想让对方和自己建立起联系，必须让对方知道和你成为朋友会有哪些好处。

◎ 接近关键人物的方法

对年轻人来说，就算想要在公司外部拓展人脉，但能够交换名片的对象最多也就是个业务负责人，想结识关键人物十分困难。比如到客户公司去做推销，接待你的一般都是相应业务的负责人，而拥有最终决定权的高层管理者轻易是见不到的。但就算与业务负责人进行了交流，往往得到的回答都是"我要向上司请示一下""过几天再给你答复"，要想取得成果需要花费很长的时间。

那么要如何越过这个障碍呢？

如果按照普通的方式无法接近关键人物的话，那就将关键人物的行动彻底调查清楚。比如他是否会作为讲师出席某个研讨会，是否参加了交流会和学习会，与自己有没有共同的朋友，有没有人能帮忙介绍一下，他有什么兴趣和爱好，与自己有没有交集。

只要找到交集，那么就可以从交集开始进行突破。

不过，像这样的关键人物不管走到哪儿都很受欢迎，所以在研讨会和交流会这种聚集了很多人的会场之中，一定会有很多人都主动找他交流，所以要找到一个合适的时机与之攀谈肯定是比较困难的，要做好心理准备。如果他在研讨会上作为讲师发言的话，那么在他发言结束之后你应该会有和大家一起排队与之交换名片的机会。

◎ 如何在有很多人参加的派对上给对方留下印象

在这种时候，我一般会采取与大多数人完全相反的方法。不管是学习会之后的联欢会还是冷餐会，关键人物总是会被团团围住，甚至连休息一下喘口气的时间也没有。

但人群总会有散去的时候，只要把握住这个时机，一手拿着一杯啤酒走上前去询问"要不要来一杯"，对方肯定会很痛快地接过酒杯说道"非常感谢，正好我也口渴了"。这个时候你再顺势安慰一句"要应酬这么多人很辛苦吧"，那肯定会给对方留下非常深刻的印象。

如果从一开始就没有想要结识的目标，那么就应该**主动加入人最多、讨论最热烈的交流**。只要问一句"大家在讨论什么呢"，自然会有热心的人为你说明。靠在墙边一个人喝酒是不会取得任何成果的，主动参与交流的态度非常重要。

加入交流之后，就会自然而然地搞清楚谁是关键人物、谁是参与者、谁决定了讨论的方向、大家聚集在这里是为了和谁交流等问题。而且在不知不觉之中，自己也会变成交流的主角，这也是最理想的状态。

◎ 利用脸书保持一种若即若离的状态

如何与好不容易结识的关键人物保持联系呢？

拥有一个**能够随时咨询所需信息的专家网络十分重要**。尽管有些事情可以通过互联网来查询，但互联网上查到的绝大多数信息都是只停留在表面说明的程度，要想了解更深层、更有时效性的内容，最好还是直接向专业人士询问，更重要的是这样可以使我对自己关心的问题得到一个最直接的解答。所以互联网查询与直接请教专业人士相比简直有着天壤之别。

当然，如果只是单方面地向对方索取信息，这种关系肯定不能长久地维持下去。要是想从对方那里得到什么东西，那么自己也必须给予对方相应的回报才行。作为向我提供专业知识的回报，我会向对方提供关于行业趋势和该领域的需求之类的信息。让对方感觉与我交流能够得到好处，这是给对方留下印象的关键。

与各行各业的专家都保持联系固然重要，但一般人很难做到与许多不同领域的专家都存在交集。那么对于那些平时很难有机会见面的人，我们要如何与其保持联系呢？

在这种时候就轮到脸书出场了。脸书有显示生日的功能，所以只要在对方过生日的时候发送一句简单的问候"生日快乐，最近在忙什么啊"就可以让对方想起自己的存在。如果对方回复说"我最近在忙这些事情"，刚好这些事情与自己关注的内容有重合的部分的话，那么就可以和对方继续进行更深入的交流了。

　　好不容易找到机会结识的人，如果之后一直不联系的话就很容易被对方忘掉。在很多人参加的学习会或交流会上通过交换名片结识的人更是如此。

　　所以，首先应该利用脸书等 SNS 来建立联系，适当地发送消息来维持关系。但消息发送得太频繁也会给对方造成困扰，一定要把握住节奏，偶尔表现一下自己的存在感，这种若即若离的状态对双方来说都是最合适的。

总结

☐ 用"实物"说话可以使工作更有效率

☐ 取消多余的会议

☐ 与部下的交流每周一次就够了

☐ 在工作之外也建立起人际关系，可以使工作更有效率

☐ 优先与"新结识的人""不断变化的人""高水平的人"交流

CHAPTER 5

第五章

迅速学习必要技能的方法

去学校学习不如向同事学习

Google

应该学习的不是知识而是经验

与学习相关的"询问"规则

利用反馈获得自己意想不到的情报

通过交流学习

为什么要学习

应该学习的不是知识而是经验

现在，"学习"的方式也发生了巨大的变化。

通过网络可以了解到绝大多数的事情，而"知识"却在不断地陈旧化。

因此，谷歌认为"应该学习的不是知识而是经验"，所以与研修相比，谷歌更重视员工相互之间的学习。

首先，**要想学习"知识"就必须去学校或者教室，这样会浪费很多时间。**

打好基础固然重要，但在掌握基础知识之后再继续学习"知识"就是浪费时间。

比如想学习投资相关的知识，那么首先上网搜索与投资基础知识相关的内容，了解一下关键词，然后去找对投资十分了解的人直接询问自己想知道的事情，这样更有效率。而且在绝大多数情况下，通过这种方式获取的知识就足够了。

除非你的目标是成为金融专家，否则完全没必要从头开始学习金融知识，甚至特意去商业学校就读。

最高效的做法是直接向对方询问自己现在所需的知识。这样可以更快地将知识点运用在工作上，况且自己根本没必要掌握那些不知何时就会改变的知识。

另一方面，第一时间了解和掌握新出现的事物以及新的知识，并且将其活用在自己的工作上现在变得越来越重要。正如 JT（一家日本公司，涉及业务有烟草、药品等）的经营企划部长大泷裕树曾经说过的那样，"要想在组织运营中取得成果，需要的是在自己框架之内的'达成'，而要想创造新的价值，那就必须打破自己的框架实现'成长'"。

我经常将人的成长比喻为斐波那契数列。所谓斐波那契数列，就是后一个数字是前面两个数字之和的数列。

1、1、2（=1+1）、3（=1+2）、5（=2+3）、8（=3+5）、13（=5+8）、21（=8+13）、34（=13+21）……

也就是说，昨天的自己加上前天的自己成为今天的自己，上个月的自己加上大上个月的自己就是这个月的自己，现在的自己也是将来的自己的基数，不断地成长。

这样的成长不是像 1、2、3、4、5……那样一步一步地成长，而是越到后期成长的速度就越快。要想取得成功，就要将现在的自己作为踏板，不断地超越才行。

◎ "检索时代"学习的基本原则

遇到不明白的事情先"谷歌"。这已经成为当今时代学习的基本原则。

但时至今日，我仍然偶尔会遇到一些连这个基本原则都没有掌握的人。

某公司的系统负责人曾经问我"我们公司也想导入这个系统，究竟应该怎么做才好呢"，但实际上这种事只要"谷歌"一下很快就明白了。

首先通过检索获取一定程度的知识，然后再找熟悉的人询问，这样能够获得更多的信息。

图 5-1 新的"学习循环"

检索

↓

询问专业人士 · 询问他人 · 询问同事

※ 需要事先建立交流渠道

关键在于让**"检索"**→**"询问专业人士"**这个过程循环起来。

在当今时代，快速地收集信息已经变得越来越重要。为了做到这一点，可以利用我在第四章中介绍的方法，建立起一个专业的信息网络。

与学习相关的"询问"规则

　　虽然很多公司都会组织内部培训，但要想让自己快速地得到成长，最好的办法是多向他人请教。正如我在前文中介绍过的"集体智慧"所说的那样，自己所需的信息有 80% 都可以从同事那里获取。将不同的人所拥有的知识和经验组合起来，就能够找到最合适的方法。

　　即便如此，仍然有很多人选择去公司外部进行研修或者参加学习班。

　　明明只要找身边的人询问一下就行了。

　　不过，询问也要遵守一定的规则。

如果在不知道应该怎么办的时候只是问别人"对不起，我什么也不知道，我到底应该怎么办呢"，那么对方也不知道应该怎么教你。要是一次两次也就算了，总是这样麻烦别人的话，对方肯定也会感到厌烦地对你说"为什么你不自己学一学，什么事都要问别人呢"。

所以在向别人询问的时候，一定要提出自己的假设。

比如上司让你负责一个你从没接触过的项目，那么首先应该上网检索一下相关的信息，然后思考出一个大概的方法。在此基础之上，找个对该项目比较熟悉的人进行询问："我第一次做这项工作，像这样做可以吗？"

对于已经做了前期准备的人，谁都会认真地给予回答和帮助的。

当你习惯了之后甚至还可以站在对方的立场上思考，"如果我这样提出问题的话，他回答起来一定会更加顺利"。比如想找一个对现场很熟悉的人询问一些具体的细节，但这样的人现在都身居高位不方便直接询问，那么可以换一种方式询问，"您以前做这项工作的时候都是怎么做的"或者"从您的角度来看，现在的现场表现如何"。

◎ 向擅长工作的人询问

在询问他人的时候，一定要找擅长工作的人。

首先，根据我多年进行人才培训的经验，越是成功的人越愿意认真仔细地教导别人。因为每个人都愿意分享自己擅长的领域的经验，所以他们会很亲切地对别人进行指导。

还有一个原因，那就是擅长工作的人语言的组织能力也很强。所以他们能够将自己领域的知识和经验简单明了地对其他领域的人进行说明。虽然在运动场上有句话叫"好的运动员当不了好教练"，但我觉得这句话在商业领域是行不通的。

另外，擅长工作的人还很热情。他们愿意与他人交流，更容易与他人产生共鸣。

反之，如果一个工作很努力的人不喜欢别人向他询问问题，那么他很有可能只是应付眼前的工作就已经精疲力竭，所以对其他任何事都提不起精神，而"不能将自己的工作用语言表述出来"可能意味着"没有进行深入思考"。我认为这样的人最终是不会取得成功的。

当我想了解某个领域的信息时，我不会询问那些整天只知道埋头苦干的人，而是会向在这个领域取得巨大成功的人请教。但毕竟对方是取得巨大成功的人，所以有可能会对我说"抱歉我现在没有时间"，即便如此对方往往会介绍另外一个合适的人给我。而且这样一位成功人士介绍的人肯定也是个可靠的人，最终我一定能够得到想要的信息。

◎ **在职场中"学习"**

如果公司内部的交流能够顺利展开，那么遇到不懂的问题就可以利用即时通信软件或者发邮件向同事请教。

我在摩根士丹利和谷歌工作的时候就经常拜托其他部门的同事说："**我想了解你的工作内容，可以让我在旁边参观一下吗？**"

虽然有时候对方会给我限制时间，"我比较忙，你只能参观 30 分钟"，但绝大多数情况下对方都会很愿意让我参观。

不过有的公司不能这样做，搞不好甚至还会被人投诉。

实际上，公司里隐藏着各种各样的智慧，通过深入的交流还会有崭新的发现，如果不能够充分地将这些智慧利用起来的话实在是有点可惜。

利用反馈获得自己意想不到的情报

有的人在工作结束之后会自己对工作内容进行"反馈"。比如通过思考"这部分做得很好""这部分做得不太好"来对自己的工作进行评价。但自己对自己的评价与他人对自己的评价往往会有截然不同的结果。

比如自己觉得"这部分我做得不太好"，在向别人询问的时候得到的回答却是"这地方不需要太担心，不过你最好在这个领域多下点功夫"。

我认为像这种**"自己没有意识到的信息"对今后的工作来说是一种非常宝贵的经验。**

像这样的反馈机制在谷歌是非常普遍的。很多日本人不好意思询问别人对自己的工作评价如何，但只要养成这样一种习惯，那么这对自己今后的工作将会有极大的帮助。

如果一开始实在不好意思开口，那可以在酒会上借着酒劲询问上司"我最近遇到了这样的问题，这个工作还没有做完，您说应该怎么办呢"。如果上司给你提供了建议，那么第二天一早应该马上找到上司说"非常感谢您昨晚的建议，可以再具体地多指导我一些吗"，这样就会获得更加详细的反馈意见。

◎ 工作前进行"前馈"

既然很多人都有对工作进行"反馈"的习惯，那么大家有"前馈"的习惯吗？或许有不少人连这个词都是第一次听说吧。

"反馈"是回顾过去。

"前馈"简单地说就是思考"我接下来应该做什么"。

比如，**在进行一项工作之前先找人询问"我想解决这个问题，应该怎么办才好呢"**。

在获取足够的信息之后再开始行动，可以使工作进行得更加顺利。而你求助的人如果觉得自己能够帮助到别人，也会很高兴地给你建议。

图 5-2 反馈与前馈

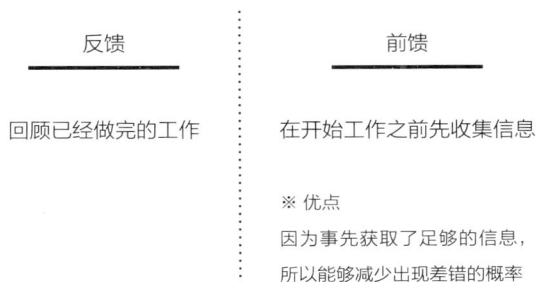

反馈	前馈
回顾已经做完的工作	在开始工作之前先收集信息
	※ 优点 因为事先获取了足够的信息， 所以能够减少出现差错的概率

　　另外，在接到工作任务的时候，通过前馈可以减少工作中的无用功。

　　假设你的上司对你下达了一个很模糊的指示：在下次会议上向部长汇报这项工作。

　　如果你按照自己的想法去收集信息，结果里面偏偏没有部长想要的信息，那么或许会遭到部长的训斥，"浪费我宝贵的时间听你说了半天废话"。

　　所以在开始收集信息之前先问一句"部长想了解什么情况""在汇报工作时必须说明哪些问题"，就不必做无用功，也不会浪费双方的时间。

　　对上司来说，在这种时候绝对不能告诉部下"自己想"。如果部下提出"前馈"，上司最好给部下一些具体的行动指示。

我在人才培训部门工作时最直观的感受就是，一个经常询问上司"我想这样行动，您觉得怎么样"的人，能够快速地得到成长。

要想获取有价值的信息，在提问的时候一定要包含四个要素，分别是"①具体来说，②要在什么地方，③改变什么，④怎样做，才能让工作比较顺利"。请大家一定要尝试一下。

"成功的人"就是"大脑的一切都井井有条的人"，当工作进展不顺利的时候，应该"将信息整合起来，把握状况"。而要想获取信息，最好的办法就是向熟悉情况的人请教。如果你是领导，站在需要对团队成员进行指导的立场上，当部下找你请教的时候你就应该帮助他对大脑中的信息进行整理，让对方的工作能够顺利地进入下一个阶段。

◎ 实践比研修更容易获得自信

要想克服弱点，做不擅长的事情，最关键的一点就是改善日常业务。

比如对于不擅长在许多人面前发言的人，我就会在平时故意给他安排一些当众发言的工作，"下次团队会议上你对大家说明一下最近的工作"。

如果这次他发挥得很好，那么接下来我会告诉他"你表现得不错嘛。这次再努力一下，把发言的内容整理出来，用幻灯片详细地说明一下"。

"幻灯片做得也非常棒,下次在部门会议上发言吧。"

像这样,部下的自信心就会一步一步地建立起来。

图 5-3 NLP(神经语言程序学)行动金字塔

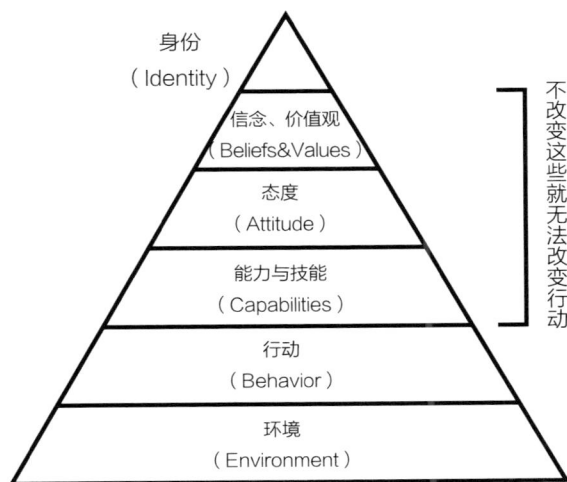

身份
(Identity)

信念、价值观
(Beliefs&Values)

态度
(Attitude)

能力与技能
(Capabilities)

行动
(Behavior)

环境
(Environment)

不改变这些就无法改变行动

如果只是通过研修或者学习班学习一次,那么学习的内容很快就会被遗忘。**而在现场多次实践不但有助于提高自信,更能够加快掌握的速度。**

图 5-3 显示的是罗伯特·德尔茨提出的人在通过学习发生变化时的层级构造模型。这个模型共有六个层级,位于上面的层级发生

变化必然会对下面的层级造成影响，使其发生相应的变化。

　　如果想改变一个人的行动，必须从习惯开始改变。只是告诉对方"你这地方做得不对，请改正"，对方也不知道具体应该怎样做。

　　所以应该按照上面的那个层级来依次引发变化。首先改变信念，其次改变态度，再次改变能力与技能，最后改变行动。

　　也就是说，只有从最深层的部分开始改变，才能最终改变行动。

　　最好的办法就是通过不断地积累成功经验来提高自信。

通过交流学习

在前文中我为大家介绍了"检索"→"询问专业人士"的学习循环，在这个循环中，交流具有非常大的价值。

接下来我将为大家介绍关于"交流"的方法。

我在谷歌工作的时候，在每周五的 TGIF 上，都会与同事们一边喝酒一边交换意见，每次午餐的时候也会尽量与不同的人在一起吃，与陌生人交流是我每天必不可少的功课。

与其他部门的人交流，了解他们的课题、愿望以及目的，并且将这些内容与自己的工作联系起来，说不定在什么时候它们就会派上用场。

　　另外，当我因为工作关系认识了新的朋友时都会提出"我想多了解一些关于你的事，下次一起吃饭吧"的邀请，对方基本都不会拒绝我。

　　我在摩根士丹利工作的时候很少有和其他同事轻松交流的机会，所以我干脆自己组织酒会。当然，并不是什么大型的酒会，只是每周五下班之后邀请同事在公司附近的酒吧聚一聚。

　　我每见到一个同事就对他说"周五下班之后要不要一起喝一杯？7 点之后随时可以参加或离场。酒水自己点，单自己买"，一开始来的人不多，但只要每周都坚持举办，那么来的人会越来越多，大家还会将自己的朋友也拉过来，最多的时候总共有 50 多人参加。后来就算身为组织人的我不在，大家也会习惯性地在周五晚上去酒吧里热闹一下。参加酒会的从只有金融行业的人发展到各行各业的人都有，酒会变得越来越有趣。

　　这种聚会虽然是非正式的，**但获取信息的速度很快，大家学习的效率自然很高**。而提高获取信息的速度和学习效率又会对工作效率带来直接的影响。

◎ 多参加交流

　　我在摩根士丹利工作的时候，有一位同事邀请我参加他组织的人才培训学习会，这个学习会每月举办一次，有很多证券公司和投资银行的人参加。后来因为这位同事去了新加坡，学习会一度陷入停滞状态，于是我接手了学习会，甚至在辞去摩根士丹利的工作入职谷歌之后仍然组织学习会。

我进入其他行业之后感觉学习会里只有金融行业的人太单调了，于是我又积极地邀请 IT 行业和创业者加入，直到现在这个学习会仍然存在。每个月都有人主动提出下个月的学习会在他的公司举办。

像这样的公司外部交流是拓展人际关系的绝佳机会。

如果一切都依赖公司，那么当公司出现危机的时候，自己也会失去立足之地。**为了保证自己的生存，最好多参加交流，给自己多创造几个立足点。**

但日本因为缺乏交流的习惯，类似这样的跨行业交流非常少，所以只能靠自己来组织。不过自己组织交流活动有一个好处，那就是自己身为组织者更容易发挥影响力。而拥有影响力的人也更容易获得其他人的支持，不管是工作还是开展其他活动都会更加顺利。

◎ **不要排斥不同领域的人**

在交流中切记不要擅自做出"这个人与我没有关系"的结论。因为说不定你和对方在什么地方就存在着交集。

　　我在八重洲图书中心给我的前作《0秒领导力》做签售活动的时候结识了9岁男童朋迦君的父母，他的父亲染谷昌利是非常著名的博主，他的母亲染谷亚记子是一位漫画家。后来在染谷夫妇的介绍下我又认识了歌词作者阿部敏郎和原歌手物领智子。因为我和他们都研究"正念"，他们就邀请我一起进行演讲，后来又将在2017年作为民间宇航员参与了宇宙飞行的山崎大地介绍给了我。

　　虽然我们的年龄和职业都各不相同，但在相互的介绍下认识了许多新朋友，他们每天都带给我新鲜的灵感。

　　就算现在对方没有给我带来任何灵感或者好处，但只要有这份联系在，那么或许在什么时候就会又有新的邂逅。如果对方是拥有庞大人际关系网络的人，那么他或许会在你需要的时候为你介绍合适的人。所以绝对不要擅自认为"对方和我没有关系"。

　　我之前从事的是与人事相关的工作，所以我参加学习会和交流会的时候，在场的几乎都是同行业的人，但如果我不下意识地跳出这个社交圈子的话，**就总是在同行业的圈子中转来转去，无法更进一步拓宽自己的人脉**。

　　当我从事管理顾问工作之后，结识人事负责人不如结识手握预算的管理人员对我的工作更有帮助。所以我需要尽可能多地接触不同行业的人。

比如我参加一个以医生为主的交流会，那么结识的医生可能会给我介绍新的客户，"在我的患者里有这样一个人，下次介绍你们认识吧"。对方是医生，与我不存在同行竞争的问题，而且在介绍我和客户相互认识的时候他也会认为这是一个"双赢的沟通"，所以不会有太多的心理负担。

与整天待在公司里闭门不出相比，出去参加交流好处多多，关键在于不要只参加同行之间的交流会，还要下意识地跳出自己的框架，寻找新的邂逅。

当在脸书上收到好友请求时，如果对方是朋友的朋友，在了解了他的职业之后，最好同意请求。之后就可以找个机会邀请对方见面，加深彼此之间的交流。

◎ 将 SNS 活用到学习中

当想要学习某些东西的时候，也可以灵活利用 SNS。除了参加脸书的交流之外，最近还有一个可以参加当地兴趣交流和活动的聚会网站叫作"Meetup"。

参加这样的活动可以向该领域的专家请教，而且整个教学过程都是免费的，最重要的是学习的效率非常高。这是我最近经常使用的学习方法。

不管怎样，**拥有一个能够迅速地与专业人士取得联系的机制和网络十分重要。**

有趣的是，**与"强连接"相比，"弱连接（weak ties）"带来的收益往往更大。**同行业、同年龄的人待在一起，谈论的都是相似的话题，无法从中获取更多有用的信息。在工作上没有任何联系的人反而会给你介绍各种各样的人，而且他们与你之间几乎没有竞争关系，这往往会给你带来更多的机会。

当然，也不能一味地从对方那里索取，要时刻思考"我应该给对方提供什么样的信息"。如果实在不知道自己能够给对方提供什么，可以邀请对方来参加你自己组织的交流会，这相当于给对方一个拓宽人脉的机会。

要想举办交流会，可以利用脸书的群组功能。只要在群组里将交流会举办的时间和地点共享出去，那么到时候自然会有人前来参加。

我将好友分为几个不同的群组，每个群组发送不同的消息。比如与工作相关的人，我会发送一些有帮助的信息；通过 nico 动画（一家线上影片分享网站）结识的人我会与他们分享最新的 nico 动画。将好友分组之后，当想要举办交流会或者酒会的时候，只要将信息共享给特定的分组即可，十分方便。

◎ **孤身一人不如齐心协力**

当今社会，个人要想取得成功，大体上可以采取两个方法。

一个是以赚钱为目标，明确客户群体，积极地开展商业活动。

另一个则是用自己的热情来感染人，通过 SNS 提出"让世界变得更好""为社会做出贡献"之类的远大理想，吸引志同道合的人与你一同展开行动，在这个过程中自然会有利润可以获取。

有人针对这两种方法进行了 A/B 测试（一种制作两种方案用以比对效果的测试），结果表明第二种方法比第一种方法能更快取得成功。

要想建立起信赖关系，赚取利润，首先应该将自己想做的事情公之于众。

这对我也是一个很大的启发。自己从零开始建立交际圈，向周围的人提供有用的东西，反而是取得成功的捷径。在商业活动中要想建立起信赖关系是很难的，但通过这种交流方法，经过不断付出之后，你会发现自己得到的更多。

◎ **"for"与"with"**

公司的目标和愿景，用英语来说的话可以分为"for 的目标"和"with 的目标"。

图 5-4　"for"与"with"

for 的目标	with 的目标
为了顾客	与顾客建立联系
"为了顾客提供这样的商品"	"如何融入当地社会"
顾客是被动接受的一方	将顾客代入进来

"for"就是为顾客做些什么。比如唐恩都乐就提出了"为顾客提供美味的甜甜圈和咖啡"这一目标。

而星巴克的经营理念却是"为每一位顾客提供一杯咖啡以及一个交流场所",所以星巴克的目标就是"为当地社会的每个人创建一个交流的场所"。这就是"with 的目标"。

宣传自己的商品和服务,创建自己的品牌效应,这些都属于"for 的目标",顾客属于被动接受的一方。与之相对的,星巴克将把顾客代入进来、获取顾客的反馈看作是最重要的事情。

你知道星巴克其实一直在对顾客进行取样调查吗?因为星巴克认为从顾客身上获取信息可以作为今后发展的灵感来源。

为什么要学习

为什么现在学习变得如此重要？因为拥有的**"选项"越多，在竞争中生存下来的可能性就越大。**

根据达尔文的进化论，所有生存下来的生物不一定是最强大的，但一定是最有适应性的。

也就是说，越是适应当前环境的物种，在环境发生巨变的时候生存下来的可能性就越小。完全适应某种环境也就意味着当环境发生改变的时候无法随之改变。

谁也无法预见未来的变化，那么要如何让自己能够适应变化呢？我认为最好的办法就是通过学习来增加自己的选项。比如一个只有一个选项的人，就算他现在能够取得成果，其实也只是"在当前的情况下使用唯一的方法取得成果"而已。

　　但是，如果出现了一个与现在的情况完全不同的情况，那就必须采用不同的方法才能取得成果。要想应对这种情况，那就必须拥有更多的"武器"（选项）才行。就像武林高手一样，十八般武艺样样精通才能顺利地应对各种各样的状况。

　　◎ **不断改变，坚持学习**

　　任何人都可以通过学习来改变自己。

　　我觉得人并非一成不变的个体，而是处于不断改变的过程中。只要活着，人就会不断地发生改变。我认为变化是一件好事。

　　而且，所有的失败都能够给我们提供经验。

　　所以人生没有"胜利"和"失败"，只有"胜利"和"学习"。就算一个人失败了，他也同样在失败中学习到了经验。

　　既然不管怎样最后的结果都是好的，那就应该大胆地去改变。

　　接下来我想为大家介绍一下"成长型思维"（growth mindset）。

　　思维模式大致可以分为**"成长型思维""学习型思维""回避型思维"**以及**"证明型思维"**。但这并不意味着一个人只有一种思维模式，一个人可以拥有多种思维模式。

"成长型思维"，顾名思义，指的是追求成长的思维模式。

"学习型思维"指的是有学习意识的思维模式。也就是不让自己原地踏步，通过学习来不断地取得进步。

运动心理学领域有一个观点，那些能够取得优异成绩的选手，训练的目的并不是胜利，只是因为他本身热爱这项运动，渴望超越自己。拥有成长型思维和学习型思维的人也一样，他们追求的目标并不是和别人竞争，而是超越自己。

这样的人会主动思考"这次没做好，下次应该怎样做""这次进展顺利的原因是什么"，**总是能够清醒地认识自己，"我现在还差得很远，还要继续学习"**。

"证明型思维"指的是因为十分在意周围人的目光，所以总是想证明自己是一个有能力的人的思维模式。这样的人具有自我证明的倾向。

"回避型思维"则是尽量避免失败的思维模式。

一旦"证明型思维"和"回避型思维"占了上风，就容易影响人的表现，很容易导致失败。反之，若是"成长型思维"和"学习型思维"占了上风，那么取得成功的概率就会提高。

在美国，有很多人在遇到困难和挫折的时候都会为了"证明自己"而努力奋斗。但实际上这样是无法获得成长的。

任何人都有可能失败，或者有不顺利的时候。

在这种时候，**是应该从失败中吸取经验并且积极改变呢，还是不承认失败？不同的选择对今后的成长有着非常深远的影响。**

哈佛大学的艾米·埃德蒙顿教授指出，成功的团队实际上也有过许多失败。大胆地进行尝试，然后从失败中吸取经验，只要让这个反馈循环高效地运转起来就能够迅速地取得成功。而在这个过程中，我在第四章中提到过的职场的"心理安全"也是必不可少的。

我认为关键在于团队要拥有一个可以"失败"的环境，而个人则要让从失败中吸取经验的学习循环高效地运转起来。

总结

- [ ] 学习 = 检索 + 询问专业人士·询问他人·询问同事
- [ ] 只有反馈远远不够，还要灵活利用"前馈"
- [ ] 预先建立一个能够轻松询问的交流关系
- [ ] 不断改变，坚持学习

CHAPTER 6

第六章

谷歌的轻松工作方法

简化心灵

Google

留出关闭电脑的时间

将同时进行多项工作的时间与专心致志的时间区分开

应对感情波动

睡午觉、吃零食、放松是自己的责任

留出关闭电脑的时间

曾经有人问我："这么拼命地工作不会感觉累吗？"

当然累（笑）。

每天都为了取得10倍的成果而拼命地工作，让大脑飞速地思考，这很容易让人感到身心俱疲。谷歌作为一家公司，为了保护自己的员工，在如何让员工得到充分的休息上也投入了很多的精力。

比如谷歌为员工准备了休息室，员工可以在里面睡午觉，另外还有按摩室里面摆着按摩椅，还推荐员工进行冥想……

在这一章中，我想为大家介绍一下简化心灵的方法，这可以让我们的工作更有效率。

◎ 正念会议

在谷歌，同时进行多项工作被视为理所当然。

即便是在会议中，弹出聊天窗口或者接到紧急信息的话也要立刻回复。

但如果一直出现这样的情况就会导致精神难以集中，反而影响工作效率。

于是谷歌导入了正念冥想的方法来净化员工的思想。

所谓正念，简单地说就是将精神集中在"此时此刻"上。我所在的那个团队里，不管来自哪个国家的人都经常进行正念练习。

比如在召开**视频会议之前先用一分钟左右的时间**来进行冥想。在这一分钟里，所有人都关上电脑，将注意力都集中在自己的呼吸上，安静地坐在座位上。

闭不闭眼睛都可以，只要注意呼吸和放松身体即可。

虽然只是这样一个非常简单的行动，却可以极大地改变会议的效果。因为通过正念冥想之后，所有人都可以将自己的精力集中在当前的会议上。

除此之外，谷歌还有专门用来冥想的房间，甚至有人带着瑜伽垫进去。

每个人都会给自己留出一段"什么也不做"的时间，用来放松和"刷新"自己。

　　正如我在第一章中提到过的那样，调整自己的状态也是身为商务人士的责任之一。

　　或许很多公司并不允许员工在工作时间做瑜伽，但我觉得在有必要的情况下还是应该给员工留出放松心灵和"刷新"自己的时间。

将同时进行多项工作的时间与专心致志的时间区分开

　　工作中不断地接到邮件，结果一直到下班邮件也没回复完，很多人都有过这样的经历吧？如果想着"马上回信"的话，那就必须在进行其他工作的同时回信。但这样就难以集中注意力。那么到底应该怎样做才好呢？

　　我认为应该将同时进行多项工作的时间与集中精力做一项工作的时间和进行重要交流的时间区分开。

　　比如坐电车的时候，可以利用手机进行许多工作。查看脸书和邮件，回复 LINE 的信息，上网查询资料……这些工作每样只要几分钟就可以完成。

　　而在与客户针对项目情况展开交流的时候，除了展示资料之外我都会关上电脑，拿出一张 A4 纸和对方一起进行思考。

　　在与别人交流和进行思考的时候，应该尽可能地不让其他事情打扰到自己的思考。

　　另外，除了紧急联络，其他信息都应该设置为不弹出提示。如果在与他人用聊天软件交流的时候屏幕上总是弹出新邮件提醒的话，那就很难集中注意力。

　　回复邮件应该在空闲时间集中进行。

　　比如距离会议召开还有一小时的时间，那么就可以趁这个时间来回复邮件。一般人都习惯将处理完毕的邮件转移到"已读"文件夹里，而收件箱里只保留未读邮件，也就是采取"清空收件箱"的方式。简短的邮件可以在这个时间里当场处理，至于必须稍微思考一下的邮件则应该转存到专用的文件夹里等有时间的时候再处理。

　　这些"不能立即处理"的邮件，**包括必须进行调查之后才能回复的邮件和一看见就让人生气的邮件。**

　　对前者来说，与其急急忙忙地给出毫无意义的回复，不如经过仔细的调查之后再给出准确的回复。

　　而后者想必大家都知道是什么样的邮件吧，就是那种感情用事地回复很容易导致失败的邮件。

在英语里有"热认知（hot cognition）"和"冷认知（cold cognition）"的说法。所谓热认知，指的就是情绪的反应。当大脑边缘系统活跃的时候，人的情绪就会变得激动，难以进行理性思考。所以当愤怒的感情涌现出来的时候，最好先将邮件放到一边，等自己冷静下来之后再进行回复。如果在情绪激动的时候回复邮件，那么收到的回信也会充满攻击性，这样就陷入了恶性循环之中。

◎ **同时进行多项工作的技巧**

许多人在工作中都会遇到这样的情况，就是不得不同时处理好几项工作，结果导致精神难以集中。同时处理多项工作确实在效率上存在很大的问题。

在这种情况下我会采用"冲刺工作法"。比如"接下来的一小时集中处理邮件"。

除此之外，**在进行某项工作的时候屏幕上只显示与之相关的内容**。比如在制作报告书的时候，电脑屏幕上只显示相关的资料、检索的信息以及制作报告书的软件。

虽然我经常使用多个显示屏，但所有的显示屏上显示的都是与我当前正在进行的工作相关的内容，比如一个屏幕上显示的是我正在制作的文档，另一个屏幕上显示的是谷歌检索页面，一旦我在工作中遇到需要查询的问题就可以立刻通过谷歌进行检索。

综上所述，只要遵循一定的方法，即便是同时进行多项工作也一样可以顺利完成。

应对感情波动

很多人都认为在工作中应该尽可能地保持沉着冷静。

史蒂夫·乔布斯曾经也是一个感情波动比较剧烈的人，但他在担任苹果公司 CEO 之后也经常有不能随意发脾气的时候。

不过，想让感情完全不出现波动很难做到，而且还容易出现负面效果。

合气道（注：一种格斗武术）的创始人植芝盛平先生曾经被弟子询问为什么总是能够保持身体的平衡，他的回答是"我也和你们一样会出现失去平衡的情况，但我恢复的速度比较快。与其说我不会失去平衡，不如说我恢复平衡的速度快"。

他的这番话给了我很大的启发。

人类是感情动物，不可能没有感情。

但是，如果能够第一时间认清自己的感情，那么就可以让感情变得平稳，使心理恢复到平常的状态。这也被称为"情绪智力（Emotional intelligence）"。

如果你发现自己现在正在生气，那就将这个情绪状态说出来。比如你意识到"我现在生气了""我现在很高兴""我现在感到害怕"，就将这个情绪说出来，这样可以使你做出判断"我现在正在气头上，不应该将这个情绪发泄在对方身上"，从而让自己冷静下来。

不会表达自己情绪的人更容易出现情绪失控的情况。比如在旁人看来他完全是怒气冲天的状态，但如果有人对他说"你生气了"，他反而会大声地反驳"我根本就没有生气！（怒）"……这种场面最常见于夫妻吵架的时候。

从某种意义上来说，人类被感情左右也是理所当然的。甚至可以说如果一点感情也没有的话反而更加危险。一个完全不会感到焦躁的人或许是还没搞清楚自己的价值观，而一个从不知恐惧为何物的人很容易以身犯险却不自知。

我认为最理想的是**"中庸"**的状态。这种状态不是彻底抹杀自己的感情，而是能够让感情及时地恢复到平衡的状态。

感情在工作之中也发挥着非常重要的作用。

正所谓以理服人不如以情动人，从感情上引起他人的共鸣更有影响力。自己高兴的时候周围的人也跟着兴奋不已，自己悲伤的时候周围的人也会表示同情。但是，如果你将"我现在很悲伤"的心情用很冷静的态度条理清晰地向别人说明，恐怕很难打动别人的心。

因此，在工作之中用感情来传达自己的想法可以让别人更容易被打动。

那么，究竟应该怎样做才能让感情保持平衡呢？其实方法非常简单。

首先当你发现感情出现波动的时候，可以先调整一下自己的姿势，稍微抬起头，尽量将目光投向远处。然后稍微低下头，放松舌部的力量，舒缓脸部和下巴的肌肉。紧接着做一个深呼吸。这时你就会发现自己的心情平静了许多。请大家一定要尝试一下。

睡午觉、吃零食、放松是自己的责任

　　我在前文中已经为大家介绍过，谷歌有专门的休息室可供员工在里面小憩，有零食区可供员工通过品尝坚果来转换心情，还有按摩室可以让员工的大脑和身体都得到休息，这些都是为了让员工能够更有效率地进行工作。

　　大概像谷歌这样连可以睡觉的休息室都有的企业并不多吧。

　　即便公司里没有专门的休息室，但为了让自己能够以一个最佳的状态进行工作，还是应该下意识地通过小憩、吃零食和散步来放松一下。

　　人在处于疲惫状态的时候判断力会下降，如果不得不通宵工作，那么在感到困倦的时候最好睡上 5 ～ 10 分钟，这样工作反而会更快完成。

◎ 用性善论来管理企业

我最不理解的一点是，为什么那么多企业要求员工必须在这么辛苦的状况下工作。

我也知道努力工作并且为企业赚取利润十分重要，但我认为以上两者在很大程度上都是由"工作快乐与否"决定的。

根据 2015 年 AON 公司（全球最大规模的保险业集团公司之一）的调查，在日本人中认为自己的工作有价值的人只有 38%，而剩下的 62% 都不认为自己从事的是有价值的工作。

而根据 2014 年盖洛普咨询公司进行的调查发现，**拥有"工作价值"可以使员工的工作效率提高 21%，使企业获得的利润提高 22%**。由此可见，日本生产效率低的原因大概就出在这里吧。

未来**创意经济型的人才**将是最受欢迎的，谷歌追求的就是这样的人才。知识、技能、勤劳、服从等要素机器全都可以满足。

如果能够激发出热情、创造力和积极性，那么不管是对劳动者来说还是对公司来说都是有利无害的。

我认为传统的金字塔结构的上传下达型组织很难做到这一点，

图 6-1 日本人拥有"工作价值"的比率较低

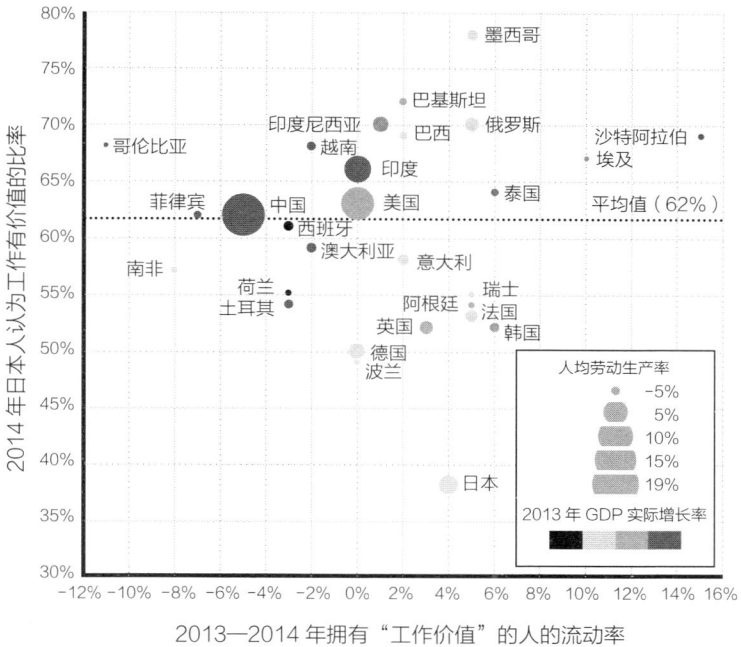

※ 根据 2015 年 AON 公司的调查制作

图 6-2 new work rules（新的工作要求）

创意经济	热情 创造力 积极性	工作 3.0
知识经济	知识·技能	工作 2.0
生产经济	服从 勤劳	工作 1.0

※ 参考：根据凯利·哈梅尔有关创意经济的文献制作

所以需要将权限与活力赋予一线员工的组织形式。

简单地说，现在真正有竞争力的企业，都是按照"性善论"来进行管理的。

以谷歌为例，谷歌的人事工作者永远将如何为员工提供支援放在第一位。

像爱彼迎这样更加年轻的公司甚至还提出了员工经验和员工满意度的概念，致力于让员工获得更好的经验和更高的满意度。

也就是说，管理岗位的工作职责不是对员工进行管理，而是为员工提供支援。

　　这样一来，组织运作的前提就变得完全不同了。传统的组织之所以将"管理"放在前面，是因为其遵循的是"人性本恶""人类懒惰"的性恶论。

　　而谷歌和爱彼迎却是**根据"人性本善""人类渴望成长"的性善论来创建组织**，所以注意力都放在如何给员工创建一个好的工作环境上。

　　最近还有一种说法认为，谷歌、爱彼迎这样做是为了控制自己的员工，但从员工满意度上来看，没有任何一家公司的员工满意度比谷歌和爱彼迎的更高。

总结

- ☐ 偶尔关闭电脑
- ☐ 一分钟的冥想就能够改变注意力
- ☐ 在不同的时间段集中精力做一件事
- ☐ 不要尝试消灭感情，要保持中庸
- ☐ 休息也是自己的责任

终章

破坏自己工作的人，
将创建下一个时代

Google

为了不让 AI 抢走自己的工作

分析时代的发展变化

如何掌握最新的科技

不要害怕变化

为了不让 AI 抢走自己的工作

　　时代的发展越来越快，要想在今后的竞争中生存下来就必须拥有比时代发展的速度更快的工作速度。在本书的最后，我将为大家介绍一些能进一步提高工作效率的方法。

　　今后的时代，竞争将越发激烈。

　　我在独立创业之后深切地认识到，如果我在需要做决定的时候拖拖拉拉犹豫不决，那么自己的位置就很容易被竞争对手所取代。任何工作都面临着激烈的竞争，根本没时间让你去悠闲地思考。

　　我们的竞争对手不只是人类。AI 和机器人也在迅速地取代人类的位置。

专门研究 AI 的牛津大学副教授迈克尔·A.奥斯本就提出了这样一个观点，他认为**随着包括 AI 在内的科技进步，未来 10 年内世界上有一半的职业将会消失。**

我也认识一位专门研究 AI 的博士朋友，他现在从事的工作就是对各国的 AI 相关许可状况进行调查，而他发现或许在不久的将来，他现在正在做的这项工作可以通过 AI 实现自动化。

或许有人会产生"不久的将来我的工作岂不是也会被 AI 夺走吗"的危机意识。

我认为，要想不让 AI 夺走自己的工作，唯一的办法**就是自己让自己的工作消失。**我现在从事的是帮助企业提高工作效率的工作，为了通过 AI 让自己的工作消失，我经常利用 AI 来进行改善提案的模拟实验。

也就是说，尝试利用 AI 来帮助自己完成工作，可以使工作变得更有效率。

优步就在科技进步的帮助下，开发了任何人都可以利用空闲时间提供出租车服务的业务，这项比传统出租车行业价格更加低廉的服务极大地打压了出租车行业的生存空间，导致美国许多出租车司机失业。2015 年年末，旧金山最大的出租车公司 Yellow Cab 宣布破产。

不只是出租车行业，同样的情况可能出现在任何行业。将所有工作都 IT 化、自动化的潮流今后将席卷各行各业。

如果你对自己的行业和自己的工作十分了解的话，那么不妨试着主动将自己的工作 IT 化，然后将节省下来的时间用来思考开创新的事业。

就算做不到完全取代，至少也可以通过 IT 化来减少自己的工作量，提高自己的工作效率，甚至找到新的工作方法。

我以前在谷歌工作的时候曾经提出过一项非常大的改善提案。但这项改善提案通过之后我的工作就消失了（上司还特意向我询问是否真的要这样做）。

一开始我也有些困惑，但最终我想明白了，与其故步自封做无用功，不如自己亲手让这项毫无意义的工作消失，然后去开创新的事业。

或许有人觉得自己的工作是"铁饭碗"，自己完全可以安安稳稳地一直工作到退休。

但在当今社会变化剧烈的大环境下，任何公司和工作都不可能永远地稳定下去。所以以防万一，只有积极地寻找让自己的工作消失的方法才能够带来不同的结果。

究竟是选择站在革新的一侧，还是选择袖手旁观，不同的选择带来的结果可谓是天壤之别。

我认为如果一味地坚持过去的方法，年复一年地做着和过去同样的工作，最后真的会走投无路。

比如一个从事销售行业的人，不能只想着如何销售，还应该思考如何实现销售工作的自动化，是否有开创新事业的机会，或者是否能够通过 AI 来寻找顾客，等等。

分析时代的发展变化

身处这样的时代，怎样才能站在更广阔的视角上对未来的发展和变化进行预判呢？

谷歌的技术总监雷·库兹韦尔（Ray Kurzweil）是一位非常著名的 AI 方面的专家。他曾经出版过一本预言 AI 超越人类的畅销书《奇点临近》。

他认为像谷歌这样着眼于未来的公司，应该将工作的重点放在 1 年后、5 年后甚至 10 年后的变化上。

现在日本的商业杂志上也经常出现关于 AI、机器人、自动驾驶、金融科技、物联网、生物科技等与最新科技相关的报道。要想把握

最新的商业趋势，就必须关注硅谷的动向，科技与商业之间的联系
也越来越密切。

不久之前，人们对商业活动的研究还以如何从市场营销的角度
来分析市场以及应该采取何种商业模式为中心。但从今往后，**与分
析过去的成功经验相比，思考"今后将会出现怎样的变化"会变得
越来越重要**。

事实上，现在我们身处的大环境也在发生着急剧的变化。

不管你有多么优秀的市场营销手法，有多么优秀的商业模式，
如果在科技上落后于人，那么很快就会遭到淘汰。

这就是促使环境发生改变的"科技"的力量。

在金融领域已经出现了通过 AI 来帮助交易的电子金融分析师。
有一家叫作"金钱规划"的公司就利用 AI 购买发展中国家的股
票，并且赚取了丰厚的利润。如果这样的方式得到更进一步的普
及，那么就算是在便利店里打工的大学生，也能像金融专家那样进
行投资。

但这样的话，投资顾问之类的工作恐怕就要消失了吧。所以现
在从事投资顾问工作的人必须认真地思考一下，在自己的工作中有
哪些不会被 AI 和自动化所取代的内容。

要想不被时代的浪潮吞没，就必须对未来的发展保持敏感。

此外，在巨变之中，机遇也和挑战共存。关键在于**找到在巨变的洪流中发挥自己的能力并且赚取利润的方法**，而不是单纯地随波逐流。从某种意义上来说，企业积极培养内部创业者和开拓新业务都是必不可少的。

如何掌握最新的科技

为了应对今后的变化，首先要做的就是关注科技的发展趋势。特别是自己所处的行业的 IT 化趋势，必须时刻留意。

现在不管是通过书籍还是网络，都可以很方便地获取知识和信息。

我会通过在谷歌快讯（Google Alerts）上输入关键词，或者通过 SmartNews（一款新闻应用软件）和 NewsPicks 之类的应用程序来高效地收集与科技相关的新闻。

比如我想了解金融科技相关的内容，只要在谷歌快讯上输入"区块链""比特币""虚拟货币"等关键词，我就可以在每天早晨上班的时候迅速地浏览到相关的新闻。懂英语的人如果养成每天阅读海外最新新闻资讯的习惯，更是能够做到快人一步。

◎ 积极尝试热门应用程序

即便从个人的层面上来说，如果不下意识地积极接触最新的科技，也会很快被时代淘汰。比如很多智能手机的应用程序都是免费下载的，所以每当有新的应用程序出现时应该多多试用。

从事经理和会计工作的人如果从来都没用过 Freee 这款免费的会计软件那就很值得反思了。连试都不试一下就说"那东西不好用"就真的与时代脱节了。

Freee 可以将以公司名义的信用卡支付的所有信息都整理出来，所有的交易记录都会被自动上传到云服务器，绑定银行账户之后还可以对收支进行管理。

对税务师和会计师来说，这款软件好像是夺走了他们工作的竞争对手，但实际上并非如此。过去就连给顾客的发票也全都是手写的，需要消耗大量的时间和精力，但现在这部分的工作已经完全实现自动化了。另一方面，企业对资产运用方面的咨询需求与日俱增，对税务师与会计师来说这也是一个机会。

与其说会计软件破坏了税务师和会计师行业，不如说是重新定义了税务师与会计师的作用。税务师与会计师的工作不应该只是往

Excel 里填数字，他们应该充当更有战略意义的咨询师。

◎ **就算对技术细节不了解，也要跟上趋势**

或许有人觉得，自己又不是搞技术的，就算学了最新的技术也用不上。

但多了解一些最新的科技，知道周围都发生了什么，今后一旦出现"这项工作或许可以自动化"的想法，**就算自己做不到，也可以去找相应领域的工程师或者程序员来帮忙。**

所以即便不懂技术，也一样能够将想法变成现实。

另外，在了解了最新的技术信息之后，还可以更容易地与客户进行交流。

我虽然不是金融科技的专家，但我会事先通过新闻应用程序对客户行业的最新科技动向进行调查，并且将发展趋势写下来，总结成 5 ~ 7 页的报告。这样一来，在与客户见面的时候我就可以提供多个报告，比如"最近有这样的发展趋势"或者"市场有这样的规模"之类。

我认识的那些做人事的朋友普遍觉得这种方法不容易，但开发部的朋友都很感兴趣，甚至还将这种方法应用在了新项目之中。

被称为笔记本电脑之父的约翰·艾伦比曾经说过，"未来虽然无法预测，但可以发明"。

　　实际情况正如他所言，没有人能够预测未来。下图是 20 世纪 80 年代麦肯锡对手机市场的成长预测与实际普及的状况对比图，就连大名鼎鼎的麦肯锡都出现了如此巨大的错误。不仅如此，当美国的 AT&T（美国电话电报公司）委托麦肯锡调查"到 2000 年时全世界对手机的需求会增长多少"的时候，麦肯锡的回答竟然是"没有需求，根本不必调查"。

　　由此可见，对任何人来说预测都是十分困难的事情。不如早点开始行动。

图　就连专家也无法准确预测手机市场的发展趋势

	预测	实际
2002	16%	100%
2004	14%	100%
2006	12%	100%
2008	10%	100%

不要害怕变化

据说现在每个人每天平均要看 88 次手机。但每次看手机的时间都在 3 分钟之内。比如查看邮件、查看 LINE 和 Message 的信息、写脸书的评论、用 FaceTime 或 Skype（微软开发的即时通信软件）交流、在推特（Twitter）上查看最新的话题……虽然在每个应用程序上花费的时间都不多，但因为使用的应用程序很多，所以还是可以说做了很多事情。

也就是说，我们能够切实地感觉到自己的工作效率得到了提高。如果将 10 年前的自己与现在的自己进行对比，你一定会因为两者之间的差距大吃一惊。10 年前我们不可能在如此短的时间内完成这么多项操作。这说明随着科技的进步，我们的生活方式也发生了巨大的改变。

不仅如此，智能手机已经渗透进了每一个产业。现在一部智能手机就可以实现汽车导航和心率监测的功能。而在争夺有限时间的意义上来看，电影、漫画、游戏、迪士尼乐园全都是智能手机的竞争对手。

在工作方面，恐怕没有人能够完全无视智能手机的存在。不使用智能手机的人根本无法想象那些应用程序和在线服务会给工作带来怎样的帮助。不接触最新科技的人，终将被时代所淘汰。

然而，即使现在智能手机无处不在，谁也无法预言 10 年后它究竟会变成什么样。如今智能手机的应用程序都需要依靠画面来进行操作，但如果像 iPhone 的 Siri 那样的语音服务得到进一步的发展，那么今后或许声控会得到普及。如果将来智能手机发展成像眼镜、耳机、手表、戒指那样的可穿戴设备，那么边走路边看手机的危险也就随之消失了。

就连距离我们最近也是最常被使用的便携式终端都在不断地改变模样，如果我们还是一成不变的话就实在是太危险了。

如今我在从事管理顾问工作的同时，还创立了一个与人事系统大数据相关的企业。我在谷歌时期的同事和脸书的工程师有时也会参与到我们的讨论之中。因为这是刚刚成立的企业，所以并没有一个固定的"形式"。虽然必须从零开始一点一点地进行创造，但每天都在发生变化，这让人乐在其中。

我进行了许多尝试，一旦发现这条路行不通就马上改变方向。实际的发展方向与我预先设想的路线截然不同，虽然经历了许多次的调整（方向转换），但我发现这种效率非常适合我。

这就像走在一座未完工的大桥上，前面已经没有了道路，而回头望去就连来时的路也已经被水淹没。虽然不知道接下来应该往哪个方向前进，但如果自己不继续开拓道路的话就会掉进水里。完全是这样一种感觉。

我十分享受充满变化的每一天。对于不知道接下来会发生什么事情，我感到的不是恐惧，而是兴奋。直到现在我仍然能够清晰地感觉到，自己开拓自己的道路是一件多么令人心情舒畅的事情。

◎ 你是否成了习惯的奴隶

根据我的经验，那些不会改变的人，绝大多数都是因为习惯了当前的工作方法，而**没有发现可能存在的其他方法**。人一旦习惯了每天的行动模式，就会不再思考自己为什么工作以及怎样做才能让工作变得更有效率。而一旦停止思考，就不会有新的发现。没有新的发现，当然也不会出现改变。

这样的人一旦在工作中遇到问题，绝大多数情况下会出现混乱，有时候甚至还会产生抗拒反应，完全无法应对。也就是说，要想让他们接受变化并且改变自己去适应变化需要花费相当多的时间。

即便每天重复同样的工作，其中也存在着许多可以改善的地方。认为日常工作就是枯燥乏味的重复是一种错误的观点。

如果同样的工作每天、每周、每月都在出现，那么思考如何让自己不必去做这项工作才是真正的工作方法：利用 IT 实现自动化，找别人帮忙，将工作分解成许多小任务分派下去，利用外部资源。如果通过更深层次的思考可能会发现，实际上就算将这项工作取消也不会给任何人带来困扰。真是这样的话那就干脆取消好了。

◎ 离开公司才知道自己的价值

从个人的角度来说，绝对不能认为自己一直以来从事的工作能够一直持续下去。

随着收购与兼并的不断增加，我们可能会拥有一个美国人上司，而身边的同事则是中国人和印度人。习惯穿西装的人可能会和整天穿着牛仔裤与 T 恤衫的工程师们一起工作，身处长期雇佣体制内领着固定工资的人可能与领着高额年薪不断跳槽的人隶属于同一个组织。

不只是工作内容，就连职场环境都在不断发生着巨大的改变，身处这样的大环境想自己永远不改变是不可能的。如果还保留着终身雇佣制时代那种能够在一个公司里干一辈子的想法，根本无法适应现在这个急剧变化的时代。

一个直到 40 岁都一直在同一个公司里工作的人，最好能够思考一下如果自己离开公司、跳槽或者独立创业的话，是否能够维持现在的收入，如果收入改变究竟是变高还是变低。这样在发生变化的时候至少自己也能够做到心中有数。

如果你身在像谷歌这样的公司之中，那么在二十多岁的时候就应该积极地展示自己，做自己喜欢做的事情。年轻的时候不但精力充沛而且干劲十足，能够接连不断地取得优异的成果。而四五十岁的员工面对的都是像这样的年轻人带来的挑战。甚至连曾经从事很高端工作的经验丰富的老员工在与年轻人的竞争中败下阵来结果走投无路的情况也时有发生。所以在被别人逼得走投无路之前认清自己的价值非常关键。

◎ 工作不能"和昨天一样"

我认为人处于不断变化的过程中。

人类身体里的许多细胞都会在几个月或者几年的时间里"新陈代谢"。虽然在遗传基因的控制下，新陈代谢之后更换的细胞和之前看起来没什么两样，但从物理的意义上来说，去年的自己与今年的自己、上个月的自己与这个月的自己是完全不同的。肉体随着时间的流逝而发生改变是自然的状态。

既然如此，那么从心理学的角度来看，人类是否也在不断变化呢？

人类为什么要害怕变化，甚至有时候还对变化表现出抗拒呢？为什么要如此拘泥于过去的自己呢？在周围环境都在不断变化的情况下，如果只有自己没有任何改变的话就无法继续维持现状。"不改变"不等于"维持不变"，而是等于"停滞不前"，甚至可以说是"缓慢死亡"。

我之所以能够活到今天，就是因为我一直在勇于求变。

◎ 波兰剧变带来的伤痕

我 1975 年出生于波兰。

我的老家在一个乡下的小村庄，那时候大家都是在职业学校掌握一技之长之后就去工厂或者下地干活了，上高中的人几乎一个也没有。

但是，我还是想去高中继续学习。因为我感觉世界将会发生巨大的变化。当时整个班级里只有我一个人想继续念高中，所以其他同学都觉得我是个傻瓜。他们的想法是"上了高中又能怎么样？不如学点技术做一名工人"。

当波兰剧变之后，所有人都以为自己会过上富裕的生活。但现实是残酷的。很多给当地提供了大量就业岗位的国有工厂在剧变之后不是被以几乎白送的价格贱卖给私人，就是被转让给德国的企业。国有工厂的员工满心期待地以为外资工厂给的工资一定会比以前多，但这也不过是痴人说梦罢了。德国企业将收购的波兰工厂接连关闭，然后开始倾销自己从德国带来的商品。

我们村子的失业率一下子蹿升到接近 100%。比我大的两个哥哥全都很突然地失去了工作。我的大哥因为后来一直没有找到工作而开始酗酒，结果死于一场车祸。喜欢伏特加的波兰人不管遇到什么事都会借酒浇愁，在我身边像我哥哥那样的事例屡见不鲜。

到了我 18 岁的时候，家里实在没钱继续供我念书，于是我辍学前往德国谋生。结果我在德国一天赚的钱就相当于父亲 2 ~ 3 个月赚的钱。这件事对我造成了巨大的冲击，因为我过去的生活几乎被彻底地否定了。我下定决心不能再像过去那样，一定要改变自己。

后来我回到波兰念完了高中，又勤工俭学念完了大学。我取得了三个硕士学位，甚至还去外国的大学深造。而我来日本的契机也是为了在千叶大学研究日本人的消费行为。

但我曾经也有心结。不管在谷歌还是在摩根士丹利，我的同

事都是有钱人，而且都是以优异的成绩从牛津或者哥伦比亚这样
的大学毕业的超级精英。所以，我和他们几乎没有共同语言。他
们之中根本没有因为没钱而念不起高中的人，当我听他们说起准
备全家一起开快艇去南边的岛屿度假时，就好像在听另一个世界
的故事一样。直到最近，我才能像现在这样和别人谈起我成长的
环境。

◎ 现在的世界绝对不是理所当然的

我想说的是，现在我们认为理所当然的这个世界，实际上完全
不是理所当然的。家庭或许会四分五裂，公司也不会永远一帆风顺，
甚至就连国家和地区都有可能不复存在。

改变总是突然降临。而我们既无法阻止改变，也没有办法逃避
改变。所以只能接受改变、利用改变、享受改变。改变、不断改
变。要想做到这一点，就必须时刻为下一个可能做好准备。以改
变为前提展开活动的人，不管遇到什么预想之外的情况都能够灵
活应对。

改变总是伴随着风险，但不改变本身就是风险。当前环境永远
不发生改变是只存在于幻想之中的情况。

所以，我们每个人都要做好改变的准备。

非常感谢大家听我说了这么多。如果大家能够将我书中所讲的
内容哪怕只有一个应用到自己的行动之中，那对我来说也是最大的

荣幸。请大家一定要通过脸书将这件事告诉我。衷心祝愿大家的工作能够更有效率，生产效率能够得到更进一步的提高。

最后请允许我向在本书执笔过程中给予我巨大帮助的藤川希、熊仓由美、金田史步、门马爱佳、渡边贵纪致以最诚挚的感谢。

总结

☐ 思考如何用 IT 代替自己工作

☐ 站在革新的一侧，不能袖手旁观

☐ 就算对技术细节不了解，也要跟上趋势

☐ 工作不能"和昨天一样"

SEKAIICHI HAYAKU KEKKA WO DASUHITO HA NAZE MAIL WO TSUKAWANAINOKA
Copyright © Piotr Feliks Grzywacz 2017
Chinese translation rights in simplified characters arranged with SB Creative corp., Tokyo
through Japan UNI Agency, Inc., Tokyo

著作权合同登记号：图字18-2019-162

图书在版编目（CIP）数据

Google工作法 /（波）彼得·费利克斯·格日瓦奇著；
朱悦玮译. —长沙：湖南文艺出版社，2019.8（2020.12重印）
ISBN 978-7-5404-9290-8

Ⅰ.①G… Ⅱ.①彼… ②朱… Ⅲ.①网络企业—企业
管理—经验—美国 Ⅳ.①F279.712.444

中国版本图书馆CIP数据核字（2019）第099890号

上架建议：经管励志

GOOGLE GONGZUO FA
Google工作法

作　　者：[波]彼得·费利克斯·格日瓦奇
译　　者：朱悦玮
出 版 人：曾赛丰
责任编辑：薛　健　刘诗哲
监　　制：蔡明菲　邢越超
策划编辑：李齐章
特约编辑：万江寒
版权支持：金　哲
营销支持：李　帅　傅婷婷　刘斯文　周　茜
整体装帧：利　锐
出　　版：湖南文艺出版社
　　　　　（长沙市雨花区东二环一段 508 号　邮编：410014）
网　　址：www.hnwy.net
印　　刷：三河市中晟雅豪印务有限公司
经　　销：新华书店
开　　本：880mm×1270mm　1/32
字　　数：136 千字
印　　张：7
版　　次：2019 年 8 月第 1 版
印　　次：2020 年 12 月第 3 次印刷
书　　号：ISBN 978-7-5404-9290-8
定　　价：42.00 元

若有质量问题，请致电质量监督电话：010-59096394
团购电话：010-59320018